Manfred Breitinger

# Einmal um die Welt

**Manfred Breitinger**

# Einmal um die Welt

Rediroma-Verlag

Bibliografische Information der Deutschen Nationalbibliothek:
Die Deutsche Nationalbibliothek verzeichnet diese Publikation in der Deutschen Nationalbibliografie; detaillierte bibliografische Daten sind im Internet über http://portal.dnb.de abrufbar.

ISBN 978-3-98885-407-0



www.rediroma-verlag.de
15,95 Euro (D)

## Gereimtes – vor und nach der Reise

### Hamburg, 27.10.2023

In Hamburg standen wir am Kai
und wussten nicht, wohin.
Das blaue Meer, das ferne Land,
dahin stand uns der Sinn.
Ein Käpt'n, der vorüberkam, der heuerte uns an.
Da fahren wir so frohgemut über den Ozean.
Erst nach A Coruña im spanischen Norden,
dann vorbei an Afrikas wundersamen Orten,
übers Meer nach Rio, Kap
Hoorn und Santiago de Chile,
nach Tahiti, Fidschi zum Feuerwerk nach Sydney.
Überall die Abenteuer wohlfeil sind und schön
das musst du sehen, hören, fühlen und versteh'n.
Sonn' und Sturm, die Lieb'
der Mädchen, ein Gedicht,
blaues Meer, der Freiheit Glück,
ein Lächeln im Gesicht.

**Hamburg, 21.02.2024**

Da steh‘n wir, wie im letzten Jahr
in Hamburg an dem Kai,
wie herrlich ist die Reeperbahn,
wie schnell das Glück vorbei?
Wir fahren mit der Bahn nach Schwaben,
da, wo wir unsere schöne Heimat haben.
Die Welt voll Freud‘ und Frieden,
wir daheim und in der Ferne lieben.
Weites Meer, Südseeinseln,
grüne Auen, Wüstensand,
Gletscher, Menschen, Tiere,
Paläste, Hütten allesamt
sahen wir und hoffen, dass mehr
Freud‘ und Friede werde.
Sind dankbar fürs Schöne
und Gute auf dieser Erde.
Ja, Brüder, Schwestern, Freunde nah und fern.
Wo Freude, Frieden, ein Danke ist,
da finden wir uns gern.
Daheim zu sein, ist großes Glück
und fahren wir hinaus,
Zusammen sind wir hier und dort
mit Glück zuhaus‘.

## Inhalt

## Das zuvor

Die hier aufgeschriebenen Beobachtungen und Gedanken zeigen Momente und Ausschnitte von Geschichten, welche an Bord, an Land und mit Fantasie entstehen. Sie regen an zur emotionalen und gedanklichen Auseinandersetzung mit der facettenreichen Reise um die Welt.

Wir und die Passagiere erleben diese Momente unterschiedlich. Befreiend, aber auch befangen. Gewohnt und überrascht.

Auf die Attraktionen an Bord, in den Häfen und im Hinterland richtet sich nicht unser Hauptaugenmerk. Reisejournalisten beschreiben diese vielfältiger, bunter und großartiger, als ich es könnte.

Meine Frau, Ursula Sollbusch-Breitinger, verantwortet einen nicht geringen Anteil an Text und Bildern. „Einmal um die Welt" ist unser gemeinsames Projekt, auch wenn im Text ein „Ich" aktiv ist.

Wir fahren den Spuren der Entdecker nach und entdecken dabei Besonderheiten unserer Welt. Nicht zuletzt lernen wir uns selbst, unsere Mitpassagiere, auch Menschen und Natur in fremden Ländern, ein wenig kennen und sehr schätzen.

Im Stichworttagebuch: „Tagtäglich geht die Sonne auf" finden die Leserinnen und Leser Stichwörter, die auf weitere Aspekte einer Weltreise hinweisen.

## Auf den Spuren der Entdecker

Schon vor 1,5 Millionen Jahren musste sich der *homo erectus* mit und auch gegen die Natur behaupten. Lebens-, überlebenswichtig war es, die eigenen Bedürfnisse zu erkennen, Nahrung aufzufinden, Bedrohungen wahrzunehmen, Schutzräume zu entdecken.

Diese Überlebensstrategien wurden immer differenzierter: sprachliche Äußerungen, Werkzeuge und Waffen, Kenntnisse über die Natur und über sich selbst auch.

Seit 25000 Jahren sind es die *homo sapiens* (moderner Mensch, lat.: vernünftiger Mensch, die einzige noch lebende Art der Gattung Homo (Wikipedia)). Seit 5000 Jahren schreiben sie und vor 3000 Jahren begannen sie angeblich auch zu philosophieren.

Die Wasserstellen und die Nahrungsquellen wurden entdeckt, ihre Verfügbarkeit gesichert und auch neue Lebensbereiche wurden erschlossen. Oft aus der Not heraus, aber auch von der Neugierde und der Begierde und Lust getrieben. So betrachtet könnte die Geschichte der Entdecker hier schon beginnen.

Der Mensch kann zwar weder besonders gut schwimmen noch klettern noch laufen, aber er kann denken. Eigentlich eine zwiespältige Einrichtung, das Denken, dieses Bewusstsein. Es kann Gefahren erkennen und auch sehen, was viel Mühe macht. Das kann blockieren, lähmen und stören.

Ein Bewusstsein hat andererseits einen praktischen Vorteil. Es erlaubt, Erkenntnisse zu gewinnen – über die Welt, über das Leben, über sich selbst. Das kann fördern, neue Wege ermöglichen und enthemmen.

Erkenntnisse zu gewinnen, ist eine edle Herausforderung: lernen, Neues zu entdecken, zu bewerten und einsortieren. Mit Begeisterung und Glück wird das gelingen. Begeistert sein vom Entdecken, vom Achten und Wertschätzen des Neuen. Dies in der eigenen Lebenswelt den angemessenen Platz zu geben, macht sicher und zufrieden. Manchmal macht aber diese Begeisterung auch Angst.

Dass zudem Glück im Spiel ist, wer will das bestreiten? Glück fördert Erkenntnisgewinne. Der richtige Moment, die überraschende Begegnung, die endlich freie Sicht auf das Ding, die Melodie, die anregt, alle die Zufälle sind es. Glück.

Glück fördert Erkenntnisgewinn, macht frei, offen und gibt Mut und Ansporn, Weiteres zu probieren. Am Ende ist es das Streben nach diesem Glück, was menschliches Leben und Sein bestimmen sollte. Alles andere, auch das Entdecken, kann sich dem unterordnen.

OSTERINSEL 27°7’S,109°21’W
AIDAsol auf Reede

Auf dem Kreuzfahrtschiff, auf einer langen Reise um die Welt, begegnen wir der materiellen Welt und auch der Flora und Fauna und den Menschen.

In diesen Begegnungen können wir allerlei erkennen und uns bewusst machen. Mit etwas Glück erspüren wir im Erkannten unseren Vorteil und sortieren es ein in unsere Möglichkeiten und unseren Habitus.

Zu neuen Erkenntnissen führen oft die fast übersehenen Kleinigkeiten im Alltag auf dem Schiff: höfliches Aufhalten der Aufzugstür, Vortritt lassen, grüßen, das Lächeln und das Strahlen der Kinderaugen beim Anblick des Schokoladeneises.

Auch wie die Nachbarn liebevoll miteinander über das Oberdeck schlendern. Wie die Kinder streiten und sich versöhnen. Die Crew so freundlich und fröhlich grüßt. Auch wie sich der Kapitän im Büfettrestaurant in die Schlange beim geräucherten Lachs einreiht.

Zudem bietet die grandiose Natur ihre überraschenden Besonderheiten. Die Stille und das Brausen und Toben der Ozeane. Die Südseeinseln im kristallklaren Wasser mit den Palmen und der unermüdlichen Musikkapelle in ihren Trachten. Die Kontinente mit ihrer besonderen Vegetation und den typischen Tieren. Überall sind die Schönheit und die Mühseligkeit des Lebens zu erfahren. Großes kann dabei winzig und Kleines riesengroß sein.

Fast 1700 Passagiere sind im Winter 23/24 auf dem Kreuzfahrtschiff AIDAsol für 117 Tage rund um die Welt unterwegs. Nicht ganze vier Monate.

Schon um die Jahrhundertwende 1500 herum machten sich Seefahrer und Entdecker auf, um bis dahin unbekannte Kontinente zu finden.

„Ja, ja, das mit dem Entdecken war wohl nicht so einfach“, gab mein Freund aus dem schönen Odenwald zu bedenken. „Das Entdecken neuer Kontinente und Gebiete war auch ein Erobern mit schlimmen Konsequenzen.“

Von blutigen Kämpfen wurde berichtet, auch Ferdinand Magellan starb, als er mit seiner Mannschaft bei den Philippinen eine Insel „besetzen“ wollte. Die Inselbewohner mit ihren Metallspeeren wehrten sich damals erfolgreich. Einer erfolgreichen Eroberung bis in die Zeit des 19. Jahrhunderts folgte meist eine Ausbeutung, auch eine Versklavung der Menschen aus den entdeckten Gebieten. Der Untergang deren Kulturen mit den Werten und Gebräuchen wurde in Kauf genommen. War das die erste und der Beginn einer bedenklichen Globalisierung unserer Welt? Bis in die heutigen Tage?

Eine unvollständige Liste der Entdecker in dieser Zeit:

**Bartolomeu Dias** (1450-1500), einem portugiesischer Seefahrer und Entdecker, gelang 1488 die Umsegelung der Südspitze Afrikas., des Kaps der Stürme (= später der Guten Hoffnung). Er starb am 29. Mai 1500 zusammen mit seiner ganzen Besatzung den Seemannstod in der Nähe des Kaps.

**Vasco da Gama** (1469-1521) entdeckte schon 1498 als erster Europäer den Seeweg um Afrika herum nach Indien, bis zur Malabarküste (Pfefferküste).

**Christopher Kolumbus** (1451-1506) suchte schon ein paar Jahre früher den Seeweg nach Indien und entdeckte dabei 1492 Amerika.

Den Portugiesen **Ferdinand Magellan** (1480-1521) und **Juan Sebastian Elcano** gelang die erste Weltumsegelung 1522. Diese dauerte zwei Jahre, elf Monate und zwei Wochen.

Juan Sebastian Elcano segelte am Ende ohne Magellan mit dem Rest der Mannschaft zurück nach Spanien. Bei dieser Weltumsegelung entdeckten sie die Magellanstraße, die Meerenge zwischen dem südamerikanischen Festland und den südlichen Inseln (Feuerland). Diese Meerenge wird nach ihrem

Entdecker Magellan genannt und misst 330 nautische Meilen (611 KM).

**Francis Drake** (um 1540-1596), ein Pirat im Dienste der Queen, war der erste Engländer, der die Welt umsegelte. Er benötigte 1018 Tage (fast drei Jahre) und war am 26.08.1580 wieder zurück.

**Jacob Roggeveen** (1659-1729) Kommodore der niederländischen Seefahrer und Naturforscher entdeckte am 05.04.1722 die Osterinsel.

**James Cook** (1728-1779) war im Oktober 1768 in Neuseeland und am 23.04.1770 in Australien. Auch ihn interessierte die Inselwelt der Südsee.

**Alexander von Humboldt** (1769-1859) machte eine fünfjährige Forschungsreise zu Fauna und Flora in Amerika, Kuba, Kolumbien, Ecuador, Peru, Mexiko und Russland.

**Charles Darwin** (1809-1882) reiste vom 27.12.1831 an Bord der „Beagle“ bis zum 02.10.1836 über die Kapverdischen Inseln nach Südamerika. Über Feuerland ging’s zu den Falklandinseln, über Chile gen Nordamerika. Dann zu den Südseeinseln und nach Australien. Der Pfarrer und Naturforscher nutzte diese Reisen für umfangreiche naturwissenschaftliche Studien, auch zu seiner bis heute kontrovers diskutierten Darwinischen Evolutionstheorie.

Schon in der Antike wussten die Griechen, dass die Erde keine Scheibe, sondern eine Kugel ist. Eratosthenes (ca. 276 bis 194 vor Christus) berechnete vor über 2200 Jahren den Umfang der Erde mit einer erstaunlichen Genauigkeit: knapp 40 000 Kilometer. Anlass waren die Beobachtungen von Aristoteles (384 bis 322 vor Christus): einmal die runde Form des Schattens der Erde auf dem Mond bei einer Mondfinsternis. Zum anderen die Erfahrung, wenn ein Schiff auf dem Ozean am Horizont weiterfährt, zuerst der Schiffsrumpf im Wasser versinkt und die Segel länger sichtbar sind.

Ferdinand Magellan wurde zugeschrieben, dass er in seiner Zeit die Entdeckung des „Erdballs“ wieder forderte: „Die Kirche sagt: Die Erde ist eine Scheibe. Ich aber weiß, dass sie rund ist, da ich ihren Schatten auf dem Mond gesehen habe, und ich habe mehr Vertrauen in einen Schatten als in die Kirche.“

Als portugiesischer Seefahrer betonte er dazu auch die Notwendigkeit der Seefahrt: „Wer an der Küste bleibt, kann keine neuen Ozeane entdecken.“

Darwin äußerte sich über Sinn und Mühsal der Seefahrt. Seiner Schwester Caroline schrieb Darwin am 18.07.1836: „Die Leute sprechen gerne von ständig lachendem Tropenhimmel, aber das ist blanker Unsinn! Wer bewundert schon das Gesicht einer Dame, die immer nur lächelt? England ist keine makellose Schönheit; es kann weinen, die Stirn runzeln und lächeln – alles zu seiner Zeit. Kurz gesagt: Meiner Ansicht ist es unsinnig, die Welt zu umrunden, wenn sich die Welt doch, wenn man still zuhause bleibt, mit einem dreht."

Seiner Schwester Susan schrieb er auf der Heimfahrt mit der Beagle: „Diese Art, sich im Zickzack fortzubewegen, verdrießt sehr und versetzt meinen Gefühlen den letzten Stoß. Ich hasse und verabscheue die See und alle Schiffe, welche darauf segeln."

Eine seiner Erfahrungen gibt uns heute noch zu denken: „Unwissenheit erzeugt viel häufiger Sicherheit, als es das Wissen tut."

Zudem wird von Darwin berichtet, dass er im Südpazifik auf einer Schildkröte ritt und meinte, dass diese ungewöhnlich langsam sei. Diese Schildkröte wurde 175 Jahre alt und starb im Jahre 2006.

Stefan Zweig berichtet in der Einleitung (S. 9-15) seines 1938 erstmals erschienen „Magellan – Der Mann und seine Tat" von seiner Reise nach Südamerika und verglich seine Erfahrungen mit den „heldenhaften" Unternehmungen der Weltumsegler und Entdecker vor mehr als 400 Jahren.

Unsere „Schifffahrt um die Welt 2023/2024" hinterlässt in uns auch tiefe und eindrückliche Spuren. Wir können aber die Leistung dieser Seeleute und

Entdecker nur unzureichend würdigen oder gar nachvollziehen. Wir dürfen auf ihren Spuren wandeln, ungleich komfortabler und doch auch als Entdecker. Dabei entdecken wir uns selbst, die Gemeinschaft auf dem Schiff neben dem Schönen und Besonderen der Landschaften, der Städte und der Ozeane.

Unsere Vorfreude war groß – wussten wir doch schon ein Jahr vorher, was uns da erwartete. Bücher, Filme, Erzählungen über die fernen Länder und Ozeane ließen uns das wissen. Dieses Vorgefühl macht eine Reise wunderbar. Viel Freundlichkeit kam mit der Reise hinzu, ein bewegtes Meer, dann ein stilles, eine Entspannung und ein Losgelöst sein von alltäglichen Bindungen und Auseinandersetzungen in der Heimat. Paradiesisch die Tage? Sorg- und wunschlos glücklich die Fahrt um die Welt?

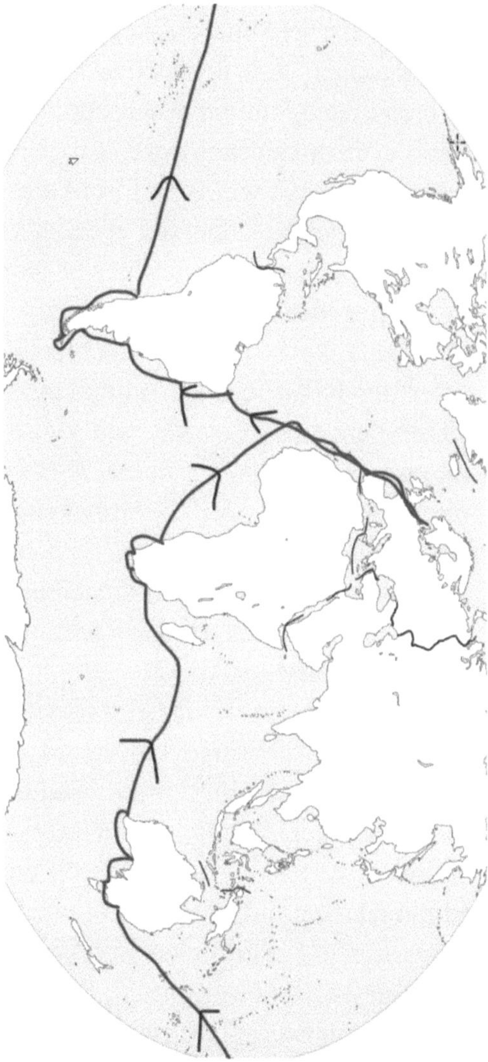

Die Entdeckerroute: Einmal um die Welt

Stefan Zweig weist sehr eindringlich auf die unsäglichen Bedingungen hin, denen jene Verwegenen einst bei ihren ersten Fahrten ausgesetzt waren und mit denen sie die riesigen Meere und die fernen Länder entdeckten. Mit winzigen Fischkuttern fuhren sie ins Unbekannte, ohne den Weg zu kennen, im Unendlichen verloren. Preisgegeben jeder Unbill des Wetters, jeder Qual der Entbehrung. „Kein Licht des Nachts, kein Trank als das brackige und laue Wasser der Fässer und das aufgefangene des Regens, keine andere Speise als den verkrusteten Zwieback und den gepökelten ranzigen Speck und selbst dies Kärglichste der Nahrung oft durch Nächte und Tage entbehrend. Kein Bett und kein Raum des Rastens, teuflisch die Hitze, erbarmungslos die Kälte und dazu das Bewusstsein, allein zu sein, rettungslos allein, in dieser unbarmherzigen Wüste des Wassers. Niemand daheim wusste monatelang, jahrelang, wo sie waren, und sie selbst nicht, wohin sie gingen. Not fuhr mit ihnen, Tod umstand sie in tausendfältigen Formen zu Wasser und zu Land, Gefahr erwartete sie von Mensch und Element und monatelang, jahrelang, ewig umrundeten sie auf ihren armen, erbärmlichen Schiffen die entsetzliche Einsamkeit." (Zweig, 1938, S.11ff)

Wenn gerade kein Sturm herrschte, die Segel voll Wind für das Fortkommen sorgten, gab es für die Seeleute vielleicht Momente der Langeweile. Ein wohl abgemessenes Quantum Rum half manchmal, diese Langeweile inmitten der Strapazen zu erdulden.

Weltentdecker von heute – so nennen die Kreuzfahrtveranstalter die Gäste auch – werden auf dem Schiff von morgens bis spät in die Nacht hinein bespaßt, beschäftigt. Fürs leibliche Wohl sorgen die Köche und Kellner in mehreren Restaurants. Zudem gibt es an Seetagen immer kurz vor dem Mittagessen besondere Events. Kleine Delikatessen, mal Heringswecken, mal Spagetti mit besonderer Soße oder auch mexikanisches und indonesisches. Dazu oft besondere Cocktails (die extra kosten) und natürlich immer begleitet von viel Musik und einer Moderation, die das Dasein auf dem Schiff zu etwas Besonderem machen soll.

Auch die Feste der Heimat, Halloween, Faschingsbeginn (11.11.11:11 Uhr), Weihnachten, Silvester, „schmotziger" Donnerstag bzw. Weiberfasching, und dann der Rosenmontag und der Faschingsdienstag werden mit viel Musik und kulinarischen Genüssen gefeiert. Dazu kommen auch die Äquatortaufen (zwei Mal) und die Bergfeste der Reise: Die Hälfte der Tage ist vorbei und das andere Mal die Hälfte der Seemeilen haben wir geschafft.

Jeden Tag und selbst die Nacht hindurch können die Gäste im Fitnessstudio an den Geräten üben. In Gruppen organisiert und allein Sport, Tanzen, Brett- und andere Spiele machen, Bücher lesen, Filme im

Fernsehen schauen, oder über online-Kanäle den Kontakt mit zu Hause pflegen.

„Weltentdecker heute" erhalten jeden Tag Informationen per „Schiffspost" mit aktuellen nautischen Informationen, über das tägliche Sportangebot und andere Freizeitangebote. Zudem gibt es Vorträge über Entdeckermöglichkeiten beim nächsten Hafenaufenthalt. Andere nicht direkt für der Reise interessante Vorträge und Lesungen können das Wissen der Gäste erweitern. Gegen Bezahlung ist ein Kurs oder eine Reihe zum Thema „Gesundheitsfürsorge" zu buchen.

Ein Atelier mit einem großen Fundus organisiert regelmäßig besondere Ausstellungen auf dem Schiff. Einfache Vernissagen, Versteigerungen mit ‚blind date'. Meist handsignierte Drucke, auch gemaltes von Udo Lindenberg und Otto Waalkes oder andere sind im Angebot. Wir erwerben den handsignierten Druck „AIDA-Weltreise 2023/24" 199/125 von Feliks Büttner (*17.05.1940) Rostock, dem Schöpfer des AIDA-Kussmundes.

Ein Casino lädt 24 Stunden an sieben Tagen in der Woche zum Spielen ein.

Drei Schiffsärzte und ein kleines Hospital sind bereit, Verletzungen und Krankheiten zu verarzten. Weltentdecker heute sind bei der Schiffsreise um die Welt medizinisch umfassend versorgt. Nötig ist's. Gefühlte 70 Prozent der Gäste haben in den ersten zwei Monaten Schnupfen, Husten und

Fieber. Besonders herausgefordert werden die Mediziner – so vermuten wir – durch die Organisation zur Verhinderung der Ausbreitung von vereinzelt aufgetretenen Noroviren. Masken werden wieder mehr getragen, Aufforderungen zu gründlichen Hygienemaßnahmen häufen sich.

Eine vielleicht noch größere Herausforderung sind die Unfälle der Gäste. Das Schiff fährt noch auf der Elbe. Deck 11 ist vom Regen nass, da rutscht ein wohlbeleibter Mann auf der Metallstiege ab und verletzt sich schwer. Die Schiffsärzte leisten Erste Hilfe, bereiteten die Überführung in ein Krankenhaus vor. Das Schiff konnte nicht anhalten, ein Schnellboot holt den Patienten und seine Frau ab. Die Reise der beiden endet, bevor sie begann.

Erika, eine ältere, rüstige Dame, stolpert beim Ausflug auf der Känguru-Insel, fällt hin mit dem Ergebnis: komplizierter Mittelhandbruch. Auch hier leistet die medizinische Abteilung die Erstversorgung und organisiert die Überlieferung ins Krankenhaus. Dort wird sie operiert und von dort kann sie ein paar Tage später heim nach Deutschland fliegen.

Arbeitsunfälle der Crewmitglieder werden nur am Rande bemerkt. Mal war ein Arm bandagiert, mal ein Finger, und mancher Kellner kann für ein paar wenige Tage seinen Dienst nicht leisten.

Wenn aber ein Gast mit einer Krücke und einer Sprunggelenkbandage zum Frühstück humpelt, dann weiß man, er war beim Doktor unten auf Deck drei. Kranksein ist übel. Auch bei einer Entdeckungsreise.

Mein Freund aus dem schönen Odenwald sagt uns: „Das Schiff begrüßt uns: ‚Willkommen zu Hause‘. Wir machen, so gesehen, eine Weltentdeckerrundreise mit und in unserem Zuhause.“ Auf das Stirnrunzeln der Frau, die mich am besten kennt, meint er: „Ja, ja, jeder bringt ein Stück von zu Hause mit. Vor allem, jeder nimmt sich überall hin mit. Aber wenn wir aus irgendwelchen Gründen bei einer Reise dieses Zuhause überhaupt nicht verlassen, dann können wir nichts entdecken, können doch zu Hause bleiben!“

Versöhnlich und lustig sollen seine weiteren Überlegungen klingen: „Ihr habt es auch gesehen: In der Nasszelle der Kabinen steht: ‚Wie zu Hause: Wenn Sie ein neues Handtuch benötigen, legen Sie Ihr benütztes auf den Boden.‘ Doch das ist ein Komfort, wer hat den zu Hause? Wer räumt zu Hause die Handtücher auf dem Boden weg und hängt dann frische auf?“

Wenn nun die Frau, die mich am besten kennt, schmunzelt und meinen Freund aus dem schönen Odenwald nur süffisant von der Seite begutachtet, dann sind wir hier ohne Anstrengung still. Punkt.

Wir haben erfahren: Das Entdecken heute und das Entdecken damals sind nicht vergleichbare Welten. Daran können wir lernen.

Die frühen Entdecker segelten in kleinen Booten mit und gegen den Wind vorwärts, betraten fremdes Land und wussten nicht, was sie erwartet. Wir erinnern uns, wie Magellan vielmals enttäuscht wurde bei seiner Suche nach seinem „paso", einer Schiffsstraße durch den südamerikanischen Kontinent zum Pazifik. Wie oft nahm er eine Wasserprobe in einer Bucht mit fast stehendem Wasser und analysierte den Salzgehalt? Meist oder gar immer muss er feststellen, dass aus den Flussdeltas und Fjorden Süßwasser ins Meer fliest. Ein Zeichen dafür, dass es keine Meerwasserverbindung durch den Kontinent gab. Sie waren gezwungen, immer weiter in den Süden zu fahren.

Auf einem Kreuzfahrtschiff ist man heute viel komfortabler unterwegs. Für das Weiterkommen auf dem Ozean, die Abfahrt und Ankunft in den Häfen sorgt der Kapitän mit seiner Crew. Die Sehenswürdigkeiten in den Häfen, wie auf den Inseln werden schon Tag vorher im Theatrium ausführlich vorgestellt und erklärt. Vor möglichen Gefahren für die Gäste wird gewarnt. Und doch: Man wird herausgefordert, sich mit der Natur, den fremden Kulturen und auch den Lebewesen unter und oberhalb des Meeresspiegels auseinanderzusetzen. Ein gewaltiges Abenteuer, das auch „späte" Entdecker herausfordert. Erfahrungen bereichern, ob an Land, über und unter Wasser, aber auch mit den Mitreisenden auf dem Schiff und ab und zu mit denjenigen in der

Fremde. Man lernt Fremdes kennen und schätzen, manches aber auch fürchten. Die größte Überraschung: ein Ding, eine Insel, eine Regel lässt sich von vielen unterschiedlichen Seiten betrachten, diese sich aber nicht immer teilen.

Erfahrungen einzuordnen und positiv in seinen Habitus hineinzunehmen ist nicht einfach. Voila! Aber eine schöne Aufgabe! Bereichernd!

Alexander von Humboldt (1769-1859) formuliert es so: „Alles hängt mit allem zusammen."

Schauen wir mal, was da so hängt und an was es hängt. Hoffentlich hängt der Europamensch nicht nur an seiner Kultur und seinen Werten.

## Auf dem Wasser rund um die Welt

Menschen aus Deutschland und auch aus anderen europäischen Ländern kommen in Hamburg an Bord. Wenige Kinder im Babyalter, mehr bis ins Schulalter, Studierende, Junge und Alte. Großeltern mit Enkelkindern, Frauen und Männer bis ins hohe Alter, Freundinnen und Freunde. Einzelgänger und Paare, verliebt und glücklich zu zweit, Mann und Mann, Frau und Mann und Frau und Frau. Eben Menschen, die zueinander finden. Ein paar Rollstühle, auch elektrische, Rollatoren in verschiedenen Ausführungen, auch Stöcke helfen mit, sich auf dem Schiff problemlos zu bewegen. Persönliche Assistentinnen unterstützen und ermöglichen die Teilnahme an dieser Weltreise. Es sind ca. 1700 Gäste, Menschen unterschiedlicher Herkunft und individueller Voraussetzung.

Auf dem Schiff gibt es verschiedene „Wohnungen“, in die sich die Gäste „eingekauft“ haben. Innenkabinen mit Nasszelle, ohne Tageslicht, zwei oder vier Betten. Kabinen mit Ausguck, den man nicht öffnen kann, Kabinen mit Balkon für zwei bis vier Personen mit Sicht aufs Meer oder ohne. Auf den oberen Decks gibt es auch Suiten mit zwei Schlafzimmern, Whirlpool und anderen Annehmlichkeiten. Überall sorgt die Klimaanlage für eine ausgeglichene Temperatur in den Räumen. Die Kosten der exklusiven Suiten können wir in den

Prospekten nicht erfahren. Anzunehmen ist, da meist auch das Frühstück und die anderen Mahlzeiten im Bezahlrestaurant eingenommen werden können, dass die Weltreise in einer solchen Kabine pro Person um die 50.000 Euro oder mehr kostet. Es ist aber auch möglich, die Weltreise anzutreten für einen Preis ab 16.000 Euro (Innenkabine) über 30.000 Euro (einfache Balkonkabine) und ein bisschen mehr pro Person. Die Zahlen sind geschätzt, vielleicht geht manches billiger und anderes teurer.

Alle Gäste haben aber eines gemeinsam: Sie fahren mit dem Schiff über die Ozeane. Erleben das Wasser und die Länder. Individuell und zusammen.

Zwei Tage sind wir schon unterwegs, das Wetter zwingt, sich in geschlossenen Räumen aufzuhalten. An Deck flanieren? Wer die Nässe nicht scheut, dem harten, kalten Wind trotzt, der kann dieses Feeling probieren. Der Kapitän informiert, dass in der Nacht zum Sonntag die Uhr um eine Stunde zurückgestellt wird: Ende der Sommerzeit. Im Frühjahr 2024, am 21.03.2024, wird die Uhr wieder vorgestellt. Die Sommerzeit soll den Europäern am Abend eine Stunde mehr Helligkeit schenken.

Nicht sicher ist, wie differenziert der *homo erectus*, eine ausgestorbene Menschenaffen-Gattung vor 1,5 Millionen Jahren in Afrika kommunizierte. Er wanderte nach Asien und Europa aus, war handwerklich geschickt und wusste, wie man Feuer macht. Anscheinend entwickelte sich sein Gehirn erst allmählich zu einem modernen Denkapparat. Spätestens die ersten modernen Menschen haben vor 30.000 Jahren ihre Umgebung, Gegenstände, bestimmte für sie wichtigen Orte mit Lauten und Zeichen beschrieben, (er-)kenntlich gemacht. Diese Beschreibungen dienten der Kommunikation untereinander: Wo ist deine Höhle, dein Haus? Wo können wir jagen, wo fischen? Wo können wir mit Booten aufs Wasser gehen? Wann sollen wir uns treffen? Der Platz am Wasser an den drei großen Bäumen. An der Stelle, wo das Wasser aus dem Felsen kommt. Zeitangaben waren „Ereigniszeiten“: Wenn die Sonne untergeht. Wenn Vollmond ist. Wenn der Regen kommt.

Bald sah man die Notwendigkeit, die Umwelt, die Zeit und die Gegenstände so zu beschreiben, dass im ganzen Kulturkreis erkannt wird, was gemeint ist.

Heute können wir bestimmte Zeiten und Orte und bestimmte Ereignisse sehr genau beschreiben. Als Hilfsmittel dazu dienen Definitionen, gemeinsame Sprachen, Gesetzmäßigkeiten der Physik und mathematische Systeme. Letztere sind eine besondere Hilfe, um die Erde mit den Ozeanen mehr zu verstehen. Darüber hinaus wird mit den Beschreibungen das Besondere und Gewaltige dieser Erde mit ihren Bewohnern schätzen gelernt.

Geografische Koordinaten zeigen uns die Stelle des Ortes an.

Traditionell werden diese im Sexagesimalsystem geschrieben. Dieses Zahlensystem basiert (wie das System zur Uhrzeit) auf der Zahl 60.

Die Erde mit ihren Ozeanen ist aufgrund ihrer „Kugelform“ mit einem „Netz“ von Längen- und Breitengraden überzogen. Diese werden als Winkel (°) angegeben. Dabei hat jeder Grad (°) 60 Minuten. Eine Minute wird Prime (′) genannt, eine Sekunde ist eine Doppelprime (′′).

Die Längengrade werden Meridiane genannt. Insgesamt 360 Meridiane gibt es. Sie verbinden den Nordpol mit dem Südpol. Jeder Längengrad hat zwei Teile: Vom Äquator bis zum Nordpol ist es der nördliche (N) und vom Äquator bis zum Südpol ist es der südliche (S) Meridian.

Zwei besondere Meridiane gibt es: den Nullmeridian (00° Greenwich) und den „gegenüberliegenden“ der Datumsgrenze (180°O/180°W) in der Südsee, zwischen Tonga und Samoa.

Vom Nullmeridian Richtung Westen sind die westlichen (1°W bis 180° W) und Richtung Osten die östlichen (1°O bis 180°O).

Die Längengrade (vom Nordpol bis zum Südpol) haben alle eine Länge von ca. 20 000 km (ca. die Hälfte des Erdumfangs).

180 Breitengrade laufen parallel zum Äquator um die Erde. Der Äquator hat den Breitengrad 0°, die Breitengrade vom Äquator bis zum Nordpol sind:

0°N bis 90°N, vom Äquator bis zum Südpol: 0°S bis 90°S.
Der Breitengrad am Äquator hat die Länge von ca. 40 075 km (Umfang der Erde).
Der 60. Breitengrad Nord (60°N) und der 60. Süd (60°S) haben eine Länge von je ca. 60 km.
Jeder Ort ist eindeutig bestimmt durch das Aufeinandertreffen des Breitengrades und des Längengrades (x°N, y°O bzw.: x nördlicher Breitengrad, y östlicher Längengrad.)

Zur Orientierung Koordinaten unserer Heimat: Deutschland liegt zwischen den Breitengraden 47°N (bei den Alpen) und 55°N (Helgoland) und zwischen den Längengraden 6°O (Rhein) und 15°O (hinter Dresden).
Hamburg: (53°N,10°O)
(wo Breitengrad 53°Nord u Längengrad 10°Ost kreuzen)
Köln: (51°N,7°O)
Stuttgart : (48°47′N,9°11′O)
Zugspitze: (47°5′16′′N,10°59′7′′O)

und Orte unserer Reise:
Rio de Janeiro (22°54′S,43°12′W)
Kap Hoorn (55°59′S,67°17′W)
Sydney (33°51′5′′S, 151°12′0′′O)
Kapstadt (33°55′S, 18°25′O)

Wir sehen, hören, fühlen, riechen und schmecken unsere Erde bzw. die Vielfalt und Besonderheit einzelner Teile. Um Sinneswahrnehmungen zu einem Ganzen zusammenzufügen bzw. die Erde mit ihren Ozeanen zu erfahren und zu verstehen, hilft uns ein Blick auf die Klimazonen und die Jahreszeiten, die Zeitzonen und eine quantitative Betrachtung der Erde.

Noch bevor wir A Coruña in Nordspanien erreichen, haben wir das Nullmeridian (0°O/W) überquert und fahren in einer westlicheren Zeitzone gen Süden nach Gran Canaria in der Zeitzone (0°W bis 15°W) und weiter nach Sao Vicente Kap Verde in der Zeitzone (15°W bis 30°W.)

Eine Zeitzone ist in der Regel fünfzehn Längengrade breit (am Äquator sind die Zeitzonen 15 mal 112 KM = 1680 km breit). Die Uhr wird mit dem Erreichen der nächsten Zeitzone um eine Stunde zurückgestellt. Die Passagiere können morgens länger schlafen und erhalten den Frühkaffee am 6 Uhr auf Deck 11 erst eine Stunde später (um 5 Uhr der gestrigen Zeit).

Eine Reise rund um die Welt führt durch 24 Zeitzonen. Die Länder und Gebiete passen die Zeitzonen ihren Länder- bzw. Gebietsgrenzen an. Ausnahmen, z.B. in flächenmäßig kleinere Gebiete, für zwei „halbstündige“ Zeitzonen sind selten.

Auf dem Weg von Kapverden nach Brasilien werden der Äquator und zwei Zeitzonen überquert. Ersteres wird mit der Äquatortaufe zelebriert und die zwei Zeitzonen bedeuten: Am zweiten Tag kann man am Morgen zwei Stunden länger schlafen als vor zwei Tagen.

Zeitumstellungen folgen einer Regel:

1. Die Sonne geht im Osten auf und im Westen geht sie unter.

2. Fährt ein Schiff von Süd nach Nord oder von Nord nach Süd (in einer Zeitzone), dann wird die Uhr nicht umgestellt.
3. Fährt ein Schiff nach Westen, wird die Uhr zurückgestellt, fährt es nach Osten, dann wird die Uhr vorgestellt.

Tägliche Zeitumstellungen spüren die Passagiere. Der Tagesrhythmus wird anders und kann die Schlaf-Wach-Bilanz beeinflussen. Auf dieser Weltreise war vom 10.11.2023 in Recife/Brasilien bis zum 01.12.2023 in San Antonio/Chile keine Zeitumstellung notwendig. In den drei Tagen zur Osterinsel waren es zwei Zeitumstellungen und nach der Osterinsel waren es vom 07.12.2023 bis zum 13.12.2023 fünf Zeitumstellungen. Immer nach Westen!

Die Datumsgrenze mit dem Tag, den es auf dieser Reise nicht gibt (19.12.2023) ist umrahmt von Zeitumstellungen. Während der Schifffahrt bis Sydney, um die Südküste von Australien und dann bis Durban/Südafrika durchquerten wir vierzehn Zeitzonen in der Zeit vom 21.12.2023 bis 25.01.2024. Lautstarke Klagen haben wir nicht gehört. Interessant war die Dunkelheit, die am Morgen immer länger dauerte. Erst später, als das Schiff wieder Richtung Norden fährt, wird es heller am Morgen zur Kaffeezeit für Frühaufsteher.

Am Dienstag, 07.11.2023, fahren wir auf dem Weg von Kapverden nach Recife/Brasilien von Nord nach Süd über den Äquator (0°N/S, ca.29°W).

Am Mi. 07.02.2024 geht es zurück von Süd nach Nord (0°S/N, ca.28°W) auf dem Weg von Walvis Bay/Namibia nach Praia/Santiago Kapverden.

Der Äquator ist mit ca. 40 000 km der längste Breitengrad. Er ist die Mitte der weltumfassendsten Klimazone: der tropischen Zone. Sie ist zwischen den Breitengraden 23°30´N und 23°30´S und misst ca. 5400 km. Es ist die heißeste, regenreichste, aber auch trockenste Zone.

Auf der Äquatorlinie erleben wir den schnellsten Wechsel von Tag zur Nacht, auch von der Nacht zum Tag. Auf dieser Linie, rund um die Erde herum, sind das ganze Jahr die Nacht (Dunkelheit) und der Tag (Helligkeit) gleich lang. Keine Dämmerung.

Diese Tag-und-Nacht-Gleichheit ist an jedem Ort der Erde nur an zwei Tagen im Jahr zu beobachten. Einmal im Frühjahr und einmal im Herbst.

Je näher man zu den Polen kommt, desto länger wird die Phase der Dämmerung, bis zu den „Tagen“, in denen im Sommer die Sonne nicht untergeht und es im Winter nicht hell wird.

Ushuaia, die südlichste Stadt Argentiniens, hat die Koordinaten 54°48´S,72°40´W und bekennt mit einer großen, farbigen Tafel: „fin del mundo“ (Ende der Welt). Im Hafen werden chinesische und russische Handelsschiffe mit tiefgekühlten

Meeresfischen beladen. Neben der AIDAsol liegen drei große Expetitionsschiffe. Diese fahren ins „ewige“ Eis der Antarktis, zumindest an den Rand dieser schmelzenden Eislandschaft. Der Himmel ist heute – ein paar Tage vor dem ersten Sommermonat im Süden, Dezember – leicht bewölkt. Bei plus 6°C beobachten wir das geschäftige Treiben im Hafen und in der Stadt. Ein Gästeführer teilt uns mit, dass die Gegend von Ushuaia in früherer Zeit eisbedeckt war und sich mit der Schmelze zu einem lukrativen Handelsplatz wandelte. Vielleicht geht es heute darum, das Ende der Welt zu überlisten und hinter dieses Ende zu schauen.

USHUAIA 54°48'S,68°18'W Argentinien

USHUAIA 54°48'S,68°18'W Argentinien
ENDE DER WELT Im Hafen

Es gibt eine Reihe von differenzierten Diagrammen zu den Klimazonen der Erde. Sie unterscheiden sich hinsichtlich der Anzahl der Zonen und auch der geografischen Abgrenzungen untereinander.
Unser Modell geht von vier Klimazonen aus:

**Polarzone Nord** (Polarkreis 63°N bis Nordpol)
- Spitzbergen, Arktis -

**Gemäßigte Zone Nord** (45°N bis 63°33´55´´N)
- Hamburg -

**Subtropische Zone Nord** (23°30´N bis 45°N)
- Teneriffa, Madeira -

**Tropische Zone Nord** (Äquator 0°N bis 23°30'N)
- Kapverden -
**- Tropische Zonen Süd und Nord:** Temperaturen am Tag schwanken stärker als im Laufe des Jahres, hohe Temperaturen, selten unter 18°C, hohe Niederschläge, Regenwälder, Wüsten, Feuchtsaverne, Trockensaverne, Dornsaverne -
**Tropische Zone Süd** (Äquator 0°S bis 23°30´S)
- Rio de Janeiro -

**Subtropische Zone Süd** (23°30´S bis 45°S)
- Sydney, Perth, Montevideo, Osterinsel -

**Gemäßigte Zone Süd** (45°S bis 63°33"55'S)
- Argentinien (Süden) -

## **Polarzone Süd** (Polarkreis 63°S bis Südpol)
## - Antarktis -

Unsere Reise rund um die Welt dauert fast 120 Tage. Auf der südlichen Halbkugel dieser Erde ist das Schiff fast hundert Tage unterwegs. Es ist eine Reise in Monaten und Jahreszeiten.

Im November 2023 sind wir in Deutschland, auf der nördlichen Halbkugel im letzten Herbstmonat.

Mit dem Schiff wechseln wir im Herbst am Äquator auf die südliche Halbkugel in den letzten südlichen Frühlingsmonat: November 2023.

Wir fahren im Frühling (November) an der südamerikanischen Küste um das Kap Hoorn herum bis nach Chile in den ersten südlichen Sommermonat: Dezember.

Vom Januar 2024 bis Mitte Februar 2024 sind wir auf der südlichen Halbkugel im Sommer unterwegs.

Auf der Heimfahrt an der westlichen Küste Afrikas entlang überqueren wir wieder den Äquator und fahren auf der nördlichen Halbkugel bis Hamburg im letzten Wintermonat: Februar.

Im ersten Frühlingsmonat (2024) im Norden, März, erleben wir die ersten Sonnenstrahlen des Frühlings im Schwabenland.

Auf dem Wasser rund um die Welt. Ein Abenteuer? Viel zu sehen. Viel zu hören. Viel zu schmecken und zu riechen. Viel zu spüren und zu ahnen. Und alles auf der Erde. Mit der Erde?

„Gaia“ ist in der griechischen Mythologie die personifizierte Erde und eine der ersten Gottheiten. Diese Göttin spiegelt Leben, Mütterlichkeit und Fruchtbarkeit wider. Sie erschafft Leben und nimmt nach dem Tod die Menschen wieder auf – der Boden bildet für diesen Kreislauf das elementare Fundament. Gaia, die Erde!

Wir wissen aber auch: die Erde ist ein komplex geformtes Gebilde, ein Geoid. Der Radius an den Polen ist bedeutend kleiner als der mittlere Radius am Äquator. Sie ist ein von Wasser- und Landmassen bedeckter und von Pflanzen, Tieren und Menschen bewohnter Planet.

Die Erdoberfläche umfasst 510 Millionen Quadratkilometer und ist mit einem Anteil von 71 Prozent hauptsächlich mit Wasser bedeckt. Nur 29 Prozent der Erdoberfläche bestehen aus Landmasse (149 Millionen Quadratkilometer).

Ozeane sind Meere mit großen zusammenhängenden Wassermassen, die zwischen den Kontinenten liegen. Die fünf größten Ozeane heißen: Pazifik, Atlantik, Indischer Ozean, Arktischer Ozean (Nordpolarmeer) und Antarktischer Ozean (Südpolarmeer). Mit der Weltreise lernen wir den Pazifik, den Atlantik und den Indischen Ozean kennen.

Und das Wasser, das Meer, der Ozean bewegen sich doch, wie die Erde.

In La Palma, Sydney, Kapstadt und unterwegs war zu sehen: bewegtes Wasser überall. Von Wind und Wellen lassen sich Surfer auf ihren Surfbrettern mit und ohne Segel treiben.

Natürliche Wasserbewegungen der Ozeane werden Gezeiten, auch Tiden oder Ebbe und Flut, genannt. Durch die von Mond und Sonne erzeugten Gezeitenkräfte im Zusammenspiel mit der Erddrehung und dem Wetter werden sie verursacht.

Wie die Meeresgezeiten an einem bestimmten Ort in Erscheinung treten, wird wesentlich von der Form und der Tiefe des Meeres bestimmt.

Flut und Ebbe, der Unterschied zwischen Hoch- und Niedrigwasser ist in der Nordsee etwa zwei bis drei Meter. In der Bay of Fundy in Kanada schwankt der Wasserpegel um 15 bis 21 Meter. Das ist der höchste Tidenhub der Welt. Auf unserer Reise erleben wir geringere Tidenhube.

Kurz und knapp erste Begriffe zur Orientierung auf dem Schiff:

BUG – vorderer Teil des Schiffes

HECK – hinterer Teil des Schiffes

STEUERBORD – rechts

BACKBORD – links

Entfernungen auf See werden in SEEMEILEN (sm) angegeben. (1 sm = 1,852 km)

Die Geschwindigkeit des Schiffes wird in KNOTEN (Kn) angegeben.

(1 Knoten = 1 Seemeile pro Stunde)

Die Zahlen zu den Zonen, Zeiten und Größen der Erde deuten auch die unterschiedlichen Gegebenheiten an, welchen die Gäste während ihrer Reise um die Welt begegnen und mit denen sie sich auseinandersetzen. Mehr als eintausendsiebenhundert Gäste erleben die Klimaunterschiede, die Zeitumstellungen, die steigenden und fallenden Temperaturen und erfahren die unterschiedlichen Häfen, das Wasser, die Ufer und Inseln, Städte und Landschaften. Nicht zuletzt begegnen sie Menschen, den Gästen und den Crewmitgliedern.

So unterschiedlich sich die Welt präsentiert, so verschieden sind die Erwartungshaltungen der Menschen auf dem Schiff. So verschieden auch das Handeln, das Tun, um diese Erwartungen zu erfüllen. Oder auch ihnen auszuweichen.

Ein paar wenige leisten sich Hubschrauberflüge über Rio de Janeiro, Sydney und Kapstadt oder fahren mit dem Schlauchboot an den Gletscherrand. Sie unternehmen eine mehrtägige Fahrt durch das Innere von Australien. Wagen eine Safari über Nacht in Südafrika und versprechen sich damit Nervenkitzel.

Baden, Tauchen vor den Südseeinseln ist für fast alle ein Muss. Schifffahrt und Tauchen zum Korallenriff, Wasserski, Jetski und Kanufahrt um die Insel herum versprechen weitere Highlights.

Andere erkunden die Häfen, das Hinterland, genießen die fremden Speisen und lernen Sprachen.

Viele machen Sport an Bord, rätseln, lesen, tanzen und unterhalten sich in geselliger Runde.

Und da erfahren wir am Ende auch von der motorisch nicht sehr eingeschränkten älteren Dame, dass sie während dieser Weltreise nie von Bord gegangen ist. Sie hat die Welt auf der AIDAsol umrundet, ohne auch nur einmal mit dem Fuß aufs Land zu treten.

Sie und alle fahren mit dem Schiff auf dem und durch das Wasser der Ozeane. Erleben und genießen individuell das Wasser und die Ozeane, aber auch in der Gruppe.

## Über die fantastischen Farben der Ozeane

Der Mensch nutzt das Meer als Transportweg, als Lebensmittel- und Rohstofflieferant, auch als Erholungsort.

BUENOS AIRES 34°36'S,58°23'W
Argentinien Container-Hafen

Wir gehen mit den Füßen ins Wasser, mit dem Schiff aufs Wasser. Wir sehen über die Ozeane, riechen die Brise, spüren der Wellen Kraft, hören das Brausen der Wellen und sehen die Farben des Wassers.

Auf der Fahrt von Hamburg zur Nordsee und durch den Ärmelkanal ist das blaue Meer nicht zu sehen. Auch in der Biskaya ist die See aufgewühlt und zeigt hohe Wellen. Strahlender Sonnenschein und wolkenloser Himmel über einem blauen Meer können wir später bewundern und genießen.

„Die Farbe des Meeres entsteht durch die Wechselwirkung der einfallenden Sonnenstrahlung mit dem Meerwasser und den darin gelösten und schwebenden Wasserinhaltsstoffen", doziert auf der Basis der neuesten wissenschaftlichen Erkenntnisse mein Freund aus dem schönen Odenwald. „Das Sonnenlicht ist zusammengesetzt aus den Farben des Regenbogens und wird zu einem geringen Teil direkt an der Wasseroberfläche reflektiert. Der überwiegende Teil des Lichts dringt in das Wasser ein. Der blaue Farbeindruck des Wassers entsteht, weil das Wasser rotes Licht, auch die anderen Regenbogenfarben ‚verschluckt' und die Wassermoleküle den blauen Anteil des Sonnenlichtes in alle Richtungen streuen – auch zurück an die Wasseroberfläche und weiter hinaus. Das Blau wird intensiver, je tiefer das Wasser ist. Im Pazifik ist es oft ein schwarzblauer Teppich. Auf den Grund kann man nicht sehen. Die Schlucht der Witjastiefe ist mit 11.034 Meter die tiefste Stelle im Ozean, im Pazifik."

Wollte mein Freund aus dem schönen Odenwald an dieser Stelle mit seinem Wissen protzen? Wer weiß das schon?

Mit einem wissenden Kopfnicken spricht er weiter: „Die Farbe des Wassers wird bunter, auch bonbonfarbiger, durch den Meeresboden im Flachwasserbereich, den schwimmenden Substanzen auf und unterhalb der Oberfläche oder durch Oberflächenreflexionen.“

Das Wasser im Rio-de-la-Plata-Delta zwischen Buenos Aires und Montevideo ist auf gut Schwäbisch „dreckig“: braun mit einem grünen Stich. Rio de la Plata bringt „aus der Tiefe“ des Kontinents Südamerika Süßwasser und viele Steine und Erde mit in den Atlantik.

Sonnenaufgänge und Sonnenuntergänge können warmes Gelb und glühendes Rot über dem Wasser hervorrufen. Die Strahlen berühren das Wasser oberflächlich und färben es ein. Nebel und tiefstehende Wolken am Horizont liefern nobles Grau, auch bewegtes, durch das die Sonne ihre ersten oder letzten orangen Strahlen schickt.

Am Ufer der Südseeinseln sind bei klarem Wasser der sandige Grund, die kleinen Fische und Muscheln sichtbar. Daneben färben das Grün und die anderen Farben, welche durch das pflanzliche, unterschiedlich gefärbte Plankton (Gesamtheit der Organismen im Wasser) entstehen, das Meer entsprechend ein. Vom Schiff aus sind diese feinen Farben auf und im Wasser oft weniger zu sehen.

Das Meer schläft nicht und seine Bewegungen bringen immer wieder andere Erscheinungen mit sich. Das Meer ist immer schon da, wo man es vermutet, oder auch nicht. Es ist aber immer zuverlässig heftig oder sanft. Plus 7°C Wassertemperatur werden in der gemäßigten Zone und bis zu plus 32°C oder mehr in den Tropen gemessen.

In der Biskaya (nördlich von Spanien) müssen wir einem Sturm ausweichen. Wir haben eine unruhige Nacht, können aber im Bett liegen bleiben.

Im Pazifik, den Magellan nicht nur „still“, sondern auch „friedlich“ nannte, können wir Puntas Arenas (Chile) aufgrund der starken Winde und des Sturms nicht anfahren.

Vor Mauritius/La Réunion im Indischen Ozean warten wir, bis der Zyklon weiterwandert. Die Verwüstungen des Zyklons auf diesen „Urlaubs“-Inseln sind verheerend. Groß und Klein, alle räumen mit aller Kraft auf.

In der Bugwelle, die das Schiff umgibt, tanzen im oberen Wellengrat die Bläschen und Blasen in Eisblau um die schwarzblauen Zwischenräume. Ununterbrochen und schnell verändert sich das Muster auf der wie poliertem Marmor aussehenden, leicht schräg stehenden Wasserfläche.

Bei leicht bewegtem Wasser ist ein Spitzensaum zu sehen. Ein Muster in Türkis, Eisblau, Indigo, Schwarz und Weiß. Und wenn die Sonne auf die schäumenden Wellenkämme scheint, sehen wir Regenbogenfarben, als wären diese von einem Spray in die Luft gemalt.

Bis ganz am Ende, dort, wo der Ozean den Himmel trifft, scheint der Wasserteppich seine Güte zu zeigen. Sanfte Wellenberge und Wellentäler, silberschwarzblau meliert, glänzend, festlich, erhaben und mächtig, verlieren sich in der Ferne.

KAPSTADT 33°55'S,18°25'O Südafrika
KAP DER GUTEN HOFFNUNG mit Regenbogen

Man sieht sie nicht, man spürt sie nicht und doch sind sie da. Besonders häufig sind sie anzutreffen am Kap Hoorn, der Südspitze Südamerikas: Tausende, unzählbare Schiffswracks aus den vergangenen Jahrhunderten. In den Ozeanen der Erde sind es Millionen. Von den einfachen Booten der Steinzeitmenschen bis hin zu den Wracks der Kriegsschiffe und der ausgedienten Handelsschiffe der Jetztzeit. Bekannt, verfilmt und immer wieder bedacht ist der Untergang des Luxusliners „Titanic“. Unzählige Menschen fanden in den Ozeanen ihr Seemannsgrab.

Felsspitzen und Untiefen bei KAP HOORN
Südamerikas Südspitze (Chile)

Wenn der Himmel plötzlich grau und nach kurzer Zeit wieder blau wird, das Wasser schwarzblau mit türkisweißen Spitzen, leuchten zart durchscheinende Regenbogenfarben in den umstürzenden Wellen.

Bewegtes Wasser verschafft uns weiße Kappen auf den Wellen. Sie schieben und stoßen einander. In kleinste Teile sind sie gefaltet, gekräuselt und strudeln. Blau hat viele Nuancen, vielleicht unendlich viele.

Farbensehen ist eine emotionale, auch persönliche Angelegenheit. Das Meer scheint blau, tiefblau, schwarzblau, marineblau, ozeanblau, fast kornblumenblau, kobaltblau und smaragdgrün mit einem Schimmer blau. Ein Kaleidoskop in blau. Jedem das seine.

Beliebig und doch stets im Wechsel der schaukelnden Bewegungen der Wellen mit ihren steigenden Schaumspitzen leuchten die dunklen und hellglitzernden Farbtupfer. Sie lassen die Sinne explodieren, wie bei einer Achterbahn oben hochjauchzend und in der Tiefe innerlich gesammelt.

Fliegende Fische, weiß, meist in Schwärmen, selten einzeln, fliegen wie große Libellen ein paar Meter über die Wellen und tauchen wieder ein in das dunkle Blau. Thunfische tummeln sich elegant aus dem Wasser. Unermüdlich ist das Auf und Ab der Wasseroberfläche.

Dort, wo der Ozean tief und sein Wasser dunkel ist, sehen wir nur wenige schwimmende Lebewesen. Wohl 30.000 verschiedene Fischarten soll es in den Meeren geben. Die Anzahl der Fische in den großen Gewässern ist kaum verlässlich zu zählen.

Als an der südamerikanische Südspitze, Kap Hoorn, die sich heftig treffenden Wellen des Atlantiks und des südlichen Pazifiks, durchfahren sind, macht sich der Pazifik seinem von Magellan genannten Namen „Stiller Ozean" alle Ehre. Zeitweise sehen wir nur ein spiegelglattes, samtiges, silberblauschimmernde Wasser. Der Stille Ozean kann still sein. Unheimlich. Keine Wellen, kein Wind, wolkenverhangen. Und urplötzlich peitscht ein Regenschauer über das Schiff.

An Südseeinseln plätschert klares, türkisfarbenes Wasser am felsigen Strand. Wasserschildkröten tummeln sich im über 25°C warmen Wasser.

Im nicht übermäßig großen Containerhafen wird das Wasser plötzlich dreckig, auffallend gelbbraun. Die großen Schiffe wirbeln das Wasser und den Boden auf.

In der Nacht flimmern die Sterne, spenden kein Licht. Aber im Morgennebel hängen die feuchten Farben, die das Sonnenlicht über die Wellen flutet. Ozean – ein Eldorado der Farben, von Gut und Bös, von Himmel und Hölle, Fülle und Leere. Unendlich. Endlich. Lebendig. Besonders. Typisch. Authentisch.

LA RÉUNION 20°56'S,55°17'O
franz. Department
Hospital L'observatoire des tortues marines

## Klimazonen und Temperaturen

SÜDAMERIKAS SÜDEN

Eine grundlegende, theoretische Orientierung zu den Klimazonen ist die Einteilung der verschiedenen Zonen mittels der Breitengrade. Je nach Interesse werden die Zonen bezüglich der Anzahl und auch der Ausbreitung variiert. Grundlage unserer Betrachtung sind vier Zonen auf der nördlichen Halbkugel und vier auf der südlichen. Die Fläche der einzelnen Zonen variiert und wird durch die Lufttemperaturen und anderen Wetterbeschreibungen vorgegeben.

Nachfolgend die Zusammenstellung

- Zonen mit den theoretischen Grenzen durch die Breitengrade
- die Zonen und Orte, Datum und Koordinaten, ergänzt mit den Luft- und Wassertemperaturen, Wetter

(Vgl. Anhang: Luft und Wassertemperaturen, Klimazonen)

**Breitengrade liegen parallel zum Äquator. Die Koordinaten der Breitengrade zeigen die theoretischen Grenzen der Klimazonen.**

Polarzone Nord: von 66°33‘N bis 90°N (= Nordpol)
Gemäßigte Zone N: von 45°N bis 66°33‘N
Subtropische Zone N: von 23°30‘N bis 45°N
Tropische Zone Nord von 23°30’N bis 0° N/S Äquator

Tropische Zone Süd von 0°S/N bis 23°30'S
Subtropische Zone Süd: von 23°30'S bis 45°S.
Gemäßigte Zone Süd: von 45°S bis 66°33'S
Polarzone Süd von 66°33'S bis 90°S (= Südpol)
Breitengrade haben am Äquator jeweils ca. 111 km Abstand voneinander.
Die tropische Zone (nördlich und südlich) am Äquator mit der Breite von 23°30'N bis 23°30'S und entspricht = 5600 km.

------------- Gemäßigte Zone Nord -------------

HAMBURG 53°34'N,10°00'O,
wechselhaft, Regen 12°C
27.10.23 Deutschland, Wasser T.: 8°C

------------- Subtropische Zone -------------

GRAN CANARIA 28°N,15°20'W,
leicht bewölkt, 22°C
02.11.23 Kanarische Inseln, Wasser T.:22,7°C

------------- Tropische Zone Nord-------------

MINDELO 16°53'N, 24°59'W,
leicht bewölkt, 25°C
05.11.23 Kap Verden, Wasser T.: 26,3°C

<<<<<<<<<<<<>ÄQUATOR <><<<<<<<<<<<<

------------- Tropische Zone Süd -------------

RIO DE JANEIRO 22°54'S, 43°12'W,
sonnig 36°C
13./14.11.23 Brasilien, Wasser T.: 26,4°C

------------- Subtropische Zone Süd -------------

MONTEVIDEO 34°52'S, 56°10'10"W,
leicht bewölkt 21°C
16.11.23 Uruguay, Wasser T.: 19,7°C
PUERTO MADRYN 42°50'S,65°W,
leicht bewölkt, 17°C
20.11.23 Argentinien, Wasser T.: 6,8°C

------------- Gemäßigte Zone Süd -------------

USHUAIA 54°48'S, 72°40'W,
leicht bewölkt, 4,7°C
23./24.11.23 Argentinien, Wasser T.: 6,8°C
PUERTO CHACABUCO 45°28'S, 72°49'W,
wechselhaft, 6°C
28.11.23 Chile, Wasser T.: 12°C

------------- Subtropische Zone Süd -------------

SAN ANTONIO 33°35'36"S, 71°37'18"W,
leicht bewölkt, 10°C
1./2.12.23 Chile, Wasser T.: 12,6
OSTERINSEL 27°7'S, 109°21'W,
leicht bewölkt 20°C

7.12.23 Chile Wasser T.: 21,3°C

------------- Tropische Zone Süd -------------

TAHITI 17°41'S,149°27'O,
leicht bewölkt, 26°C
13./14.12.23 Fitschi-Ins., Wasser T.: 22,5°C

<<<<>DATUMSGRENZE, 19/20.12. <><<<<

SUVA/FITSCHI 18°8'S, 178°26'O,
leicht bewölkt 26°C
23.12.23 Fitschi-Inseln Wasser T.: 27,2°C
NOUMÉA/Neukatalonien, 22°17'S, 166°27'O
leicht bewölkt 29°C
28.12.23, Wasser T.: 27,1°C

------------- Subtropische Zone Süd-------------

SYDNEY 33°51'5"S, 151°12'0"O,
leicht bewölkt 21°C
31.12./1.1.24 Australien Süd, Wasser T.: 24,3°C
PERTH/FREMANTLE 32°3'S, 115°45'O,
sonnig 31°C
11.1.24 Australien Süd/West, Wasser T.: 24,8°C

------------- Tropische Zone Süd -------------

MAURITIUS 20°10's., 57°30'O,
leicht bewölkt 27°C
19./20.01.24 Seit 1968 Republik, vormals GB,
Wasser T.:27,8°C

------------- Subtropische Zone Süd -------------

DURBAN 29°52’S, 31°1’O,
bewölkt, 25°C
25.1.24 Südafrika, Wasser T.:24,6

KAPSTADT 33°55‘S, 18°25’O,
leicht bewölkt, 27°C
30.1.24 Südafrika, Wasser T.: 16,6°C

------------- Tropische Zone Süd -------------

WALVIS BAY 22°57‘S, 14°30’O,
leicht bewölkt, 23°C
2.2.24 Namibia, Wasser T.: 15,4°C

<<<<<<<<<<<<>ÄQUATOR<><<<<<<<<<<<<

------------- Tropische Zone Nord -------------

PRAIA 14°55’N, 23° W,
bewölkt, 28°C
10.2.24 Kap Verden, Wasser T.: 27°C

------------- Subtropische Zone Nord -------------

TENERIFFA 28°28’N, 16°15’W,
leicht bewölkt, 19°C
13.2.24 Kanarische Inseln, Wasser T.: 21,4°C

PORTO 41°11‘N, 8°42’W, sonnig 17°C
17.2.24 Portugal, Wasser T.: 16°C

-------------- Gemäßigte Zone Nord --------------

WEYMOUTH 50°32‘ 39“N, 2°26‘12“ W, bewölkt, 10°C
19.2.24 Großbritannien, Wasser T.: 10,1°C

HAMBURG 53°34’N,10°00’O, Regen, 8°C
21.02.24 Deutschland, Wasser T.: 9°C

## Zeitzonen

Eine Zeitzone ist in der Regel 15 Längengrade breit. Am Äquator messen die Zeitzonen in der Regel 15 mal 112 km = 1680 km. Die Grenzen der Zeitzonen sind nicht streng an die Längengrade gebunden, sondern den vorgegebenen Länder- und Gebietsgrenzen angepasst.

Rund um die Erde gibt es 24 Zeitzonen. Fährt das Schiff von Süd nach Nord bzw. von Nord nach Süd bewegt sich das Schiff innerhalb einer Zeitzone und es gibt keine Zeitumstellung.

Wenn das Schiff nach Westen fährt, dorthin, wo rund um die Erde herum die Sonne untergeht, wird die Uhr zu jeder der 24 Zeitzonen beim „Betreten" dieser um eine Stunde zurückgestellt. In der Regel von 3 Uhr nach 2 Uhr am frühen Morgen.

Das bedeutet, der Tag in der neuen Zeitzone dauert eine Stunde länger.

Diese Verlängerung des Tages haben wir nicht als störend empfunden, wenn die Pause zwischen den Wechseln mehrere Tage dauert. Vier Nächte lang hintereinander am Morgen eine Verlängerung der Schlafenszeit zu erfahren, wie zwischen Réunion und Durban (Südafrika), nervt und ist weniger lustig. Auch wenn bei Flugreisen die Uhren am Ankunftsort um vier Stunden oder mehr zurückgestellt werden, reagieren wir anders, wie wenn an vier aufeinanderfolgenden Nächten die Uhr um je eine Stunde zurückgestellt wird. Da wird die Ereigniszeit „Frühstück 8:00 Uhr" regelmäßig um eine Stunde hinausgeschoben. Der Magen knurrt. Von Tag zu Tag mehr.

Bis zur Datumsgrenze am 19.11. durchfahren wir zwölf Zeitzonen und zurück bis zum Heimathafen wieder zwölf Zeitzonen. Rund um die Welt wird insgesamt 24-mal die Uhr um eine Stunde zurückgestellt. Dazu sind zwölf Stunden bis zur Datumsgrenze von den 24 Stunden des 19.11. entnommen. Für die nächsten zwölf Zeitzonen nimmt man je eine der restlichen zwölf Stunden des Tages 19.11.23.

Der 19.11. ist der Tag, den es auf dieser Reise nicht als „Ganzes" gibt.

Am 18.11. um Mitternacht springen wir über die 24 Stunden des 19.11. hinweg und landen in der ersten Minute (mitten in der Nacht) am 20.11. ohne ernsthafte Verletzungen wieder auf Deck. Prost.

Dazu eine Episode von Lisa und Rudi:

Lisa, eigentlich Lisbeth, und Rudi, eigentlich Rudolf, haben in Freudenstadt im schönen Schwarzwald am 19.11.1973 geheiratet. Am 19.11.2023 sind sie genau 50 Jahre verheiratet. Dazu gönnen sie sich die Weltreise mit AIDAsol. Eine Weltreise, bei der es diesen einen Tag nicht gibt: den 19.11. Dies wussten sie aber bei der Buchung nicht.

An Bord springen die beiden Jubilare zusammen mit allen anderen am 18.11. um Mitternacht über die Datumsgrenze direkt in den 20.11.hinein. Wo bleibt der Hochzeitstag? Der 19.12.2023? Mit Sekt und Kaviar?

Sie hatten Glück: Von den 24 Stunden ihres 50. Hochzeitstag haben sie schon an zwölf verschiedenen Tagen je eine Stunde von Hamburg bis zur Datumsgrenze ihres „50-Jahre-Hochzeitsfestes" gefeiert und zwölf weitere Hochzeitstagesstunden feiern sie an zwölf verschiedenen Tagen auf dem Weg nach Hamburg.

„50-Jahre-Hochzeitsreise rund um die Welt" mit 24 besonderen, „eine-Stunde*plus-Tagen" (bzw. 24 „Fünfundzwanzig-Stunden-Tage!) rund um die Welt.

Das hat was, ist was und wird von Lisa und Rudi nicht, auch nicht von uns, vergessen.

Wasser, Schneeberge und Gletscher
im Süden Chiles.

## Wasser ist … zum Trinken da

Bei einer Reise über das große Wasser, über die Ozeane hinweg, muss der Mensch viel trinken. Wasser!

An Bord erhalten wir auf die Kabinen pro Tag und Person eine Literflasche (Export-Plastik-Einwegflasche) stilles oder sprudelndes Wasser.

Hier eine vermutlich nicht vollständige Liste der Quellen bzw. Lieferanten, die uns mit dem Inhalt der Plastikflaschen erfreuen und erfrischen:

Im europäischen Bereich und sporadisch auch auf der südlichen Hemisphäre ist es das AIDA-Wasser, leise oder laut (ohne oder mit Gas).

(1) Natürliches Mineralwasser Teuto-Quelle Bielefeld Deutschland (Exklusivabfüllung für AIDA Cruises)

(2) Eco des Los Andes, Aqua se Alta Martanic, Argentinien

(3) Del Fara, Aqua provaniende de manentio, Optenida y evasade en Tierre de Fuego Patagona Argentina, Argentinien

(4) Aqua mineral natural da Montonna Fonte Sant'onne, Brasilien

(5) Aqua mineral naturce da Montanne Fonte Dois Irmaos, Brasilien

(6) Untouched Natural Park Water. Sourced from German National Park Hunsrück Hoorwald, Deutschland

(7) Harz Quell Classic (Goslar) Deutschland

(8) Viamato Source de bien-etre PAPEARI-TAHITI polonaisie francaise Tahiti

(9) FIJIAN H2O Natural Artesian water, Nadi Fiji Islands Fiji Islands

(10) Aqua Pacific Fiji's Finest H“O Nadi Fiji's Island Fiji Islands

(11) SANTA VITTORIA Sparkling italian mineral water Vicenca Italy Italien

(12) Austraian natural SPRING WATER, Product of Australia Australien

(13) Valspring Source naturelle de bienfaits, St. Hubert, Le Val, Mauritius

(14) Australine L'EAU Pure de la Réunion La Réunion

(15) VALPRÈ still spring water, Coca-Cola Company South Africa

(16) Aqua Bella Natural >Spring water< Drakenstein Mountains Harlebeeskrad W-Cope, South Africa Südafrika

Das zu den Mahlzeiten in einer Karaffe kostenlos angebotene Wasser ist unbedenklich trinkbar, schmeckt aber mal gar nicht, mal weniger, mal mehr chloriert. Vielleicht ein Grund, warum zu den Mahlzeiten viel mehr Bier oder Wein getrunken wird.

„Freies Wasser“ wird aus den Ozeanen gewonnen, an Bord entsalzen und dann zum Verzehr vorbereitet. Das Bier, gebraut in der schiffseigenen Brauerei und im Brauhaus ausgeschenkt, ist süffig und bekömmlich. Ein Bier mit Ozeanwasser, das an Bord in der Meerwasserentsalzungsanlage „entsalzen“ wird.

SAN ANTONIO 33°35‘36“S,71°37‘18“W
Pazifikhafen v. Santiago de Chile

## Mal rechts, mal links

In der Antike und die ganzen Jahrhunderte danach war man am linken Wegesrand unterwegs. Die kurzen Klingen trug man rechts, die Langschwerter links. Man ritt links, führte Tiere rechts und ging links.

Mit der Kutsche fuhr man links, und wenn der Kutscher nicht in der Mitte des Kutschbocks saß, war sein Sitzplatz rechts.

Heute gilt nur noch in ca. 70 Ländern und Gebieten Linksverkehr. Diese sind in der Regel die ehemaligen britischen Kolonien und Commonwealth-Staaten in der Karibik, Afrika und Asien. In Europa wird in Großbritannien, Irland, Malta und Zypern am linken Straßenrand gefahren.

Rechtsverkehr, also am rechten Wegesrand unterwegs zu sein, wurde im 19. Jahrhundert von Napoleon in seinem Frankreich eingeführt. Im Gebiet der heutigen Länder Deutschland und Österreich erst später.

Nunmehr wird in den meisten Länder und Gebieten am rechten Wegesrand gegangen und gefahren. Rechtsverkehr! Rechter Verkehr?

Spötter, oder solche, die es besser wissen, weisen darauf hin, dass Napoleon Linkshänder war, zudem seine Soldaten ihre Dolche links und die Langschwerter rechts trugen. Manche, wie auch mein Freund aus dem schönen Odenwald, behaupten auch, dass Linkshänder geschickter und intelligenter sind. Aber was hat das mit dem Straßenverkehr zu tun?

Die Weltreise führt uns in zehn Länder (17 Häfen) mit Linksverkehr und in acht Länder (25 Häfen) mit Rechtsverkehr.

In Ländern mit Linksverkehr fahren nicht nur die Autos auf der linken Straßenseite und werden rechts überholt. Auf dem Fahrradweg wird auch links gefahren. Die Fußgänger gehen links und überholen rechts.

Auf der Rolltreppe stehen die Leute links und lassen sich rechts überholen. Rauf und runter. Und die Schlange beim Metzger windet sich von links zur Verkaufstheke. Hier sollte man aber nicht versuchen, rechts zu überholen. Beim Überqueren einer Straße schaut man in Deutschland zuerst nach links (weil die Autos direkt vor dem Fußgänger vorbeifahren) und dann nach rechts (weil diese Autos entlang der gegenüberliegenden Straßenseite fahren). In Ländern mit Linksverkehr schaut man zuerst nach rechts und dann nach links. Man sollte aufpassen und üben und sich nicht überraschen lassen!

Am Abend, bevor wir mit den Tenderbooten zur Insel Rarotonga übersetzen, meint mein Freud aus dem schönen Odenwald, er müsse geraderaus die Historie zum Links- oder Rechtsverkehr bekanntgeben. So meint er, ohne mit der Wimper zu zucken und ohne die misstrauischen Gesichter am

Nachbartisch zu beachten: „Straßenseite war früher auch ein politisches Symbol. Französische Kolonien fuhren rechts und britische links. In vielen Ländern und Gebieten war das noch nicht landeseinheitlich geregelt. In den Ländern des deutschen Reiches wurde 1910 für die Kutschen auf Straßen das Rechtsfahren vorgeschlagen. Bei mehreren Pferden vor der Kutsche sollte der Reiter fortan auf dem letzten Pferd links sitzen. Hoheitlich festgeschrieben wurde für das angestrebte großdeutsche Reich das Rechtsfahren vom Reichsfaschisten Hitler, nachdem das schöne Österreich ins Reich einverleibt wurde. Bis dahin war Österreich ein Linksfahrerland. Dies war die Antwort auf die ehemals gelungene Befreiung von den napoleonischen Franzosen.“ Er holt tief Luft, lächelt, schaut in die Runde und meint: „Ja, das ist schon ein Ding! Mich würde es nicht wundern, wenn man in Deutschland ohne Rücksicht auf die Nachbarländer den Linksverkehr wieder einführt.“

Wer zuhört, staunt und schüttelt den Kopf.

Mein Freud aus dem schönen Odenwald fährt fort: „Ja, in Deutschland werden derzeit Straßen umbenannt, Denkmäler verschwinden und Ehrenauszeichnungen werden aberkannt. ‚Denkmäler‘ für Menschen, die sich nach dem Zweiten Weltkrieg für die junge Demokratie und das Volk verdient gemacht haben.“ Mit einer Aufmerksamkeit erheischenden Pause geht es weiter mit einem langen

„Aaaaaber, zuvor in ihren jüngeren Jahren, im sogenannten Dritten Reich, handelten sie im Sinne der damaligen Herrschenden. Ja, Schlimmes haben sie angestellt. Im KZ, in den Stadtverwaltungen, beim Militär und im Justizwesen. Und überhaupt!“ Nach einer kleinen Pause fährt er fort: „Warum soll man nach bald 80 Jahren Demokratie und Freiheit auf der Straße noch die Regeln eines Unrechtsstaates gelten lassen und beachten? Links ist momentan doch in! Oder grün.“

„Oh je, was der mal wieder quatscht!“, flüstert kaum hörbar die Frau, die mich am besten kennt, verzieht den Mund, schüttelt sanft den Kopf, schaut in den Himmel und lächelt still.

MOOREA 17°32’S,149°50’W
flacher Strand

LAUTOKA 17°37'S,177°27'O
Unbewohnte Badeinsel

MYSTERY ISLAND 20°14‘57“S,169°46‘16“O
Vanuatu

Links vor rechts im Straßenverkehr heißt es zum ersten Mal bei unserer Weltreise am Sonntag, 17.12.2023 in Rarotonga (Cook-Inseln). Wir umrunden die Insel mit einem Kleinbus und wundern uns, wie uns die Autos von uns gesehen am rechten Wegesrand entgegenkommen und wir immer schön links am Straßenrand „kleben". Am 21.12.2023 sind wir in Nuku'alofa, dem Königreich Tonga. Am 23.12.2023 in Suva, die Hauptstadt der Fitschi-Inseln. Am 24.12.2023 sind wir auf der Insel Lautoka. Überall gilt Linksverkehr.

Auf „Mystery Island" am 26.12.2023 gibt es zwar einen grasbewachsenen Flugplatz (für kleinere Flugzeuge), aber keine Autos. Nur einen Traktor beim Flughafen-Tower und einige Motorboote. Auf der Insel kann man querfeldein, links- und rechtsherum gehen. Mit einem Fahrrad wäre es im Sandstrand und bei den riesigen Felsbrocken eine Tortur. Sowohl rechts- wie auch linksherum.

In Sydney erleben wir am Sonntag, 31.12.2023 und am Montag, 01.01.2024, den Linksverkehr auf den Straßen. Im Botanischen Garten und beim vielgelobten Gebäude der Oper in Sydney gehen wir am linken Wegesrand. Das große Silvesterfeuerwerk, das überall auf der Welt im Fernsehen gesehen wird, ist imposant. Wir stellen da keinen Rechts- oder gar einen Linksdrall fest. Ist wohl mittig über der Brücke, das Spektakel.

Am Mittwoch, 03.01.2024, in Melbourne genießen wir die Fußgängerzone, freuen uns mit einer Hochzeitsgesellschaft dort, staunen über Denkmäler und besuchen nach einer Fahrt im Kleinbus (immer am linken Fahrbahnrand entlang!) das moderne Tierhospital im Park mit Koalas und Kängurus.

MELBOURNE 37°48'S,144°57'O Australien
KOALA SANCTUARY Wildlife Hospital

Am 04.01.2024 in Burnie begegnen wir auf einem großen Naturbauernhof Kängurus, Straußvögeln und Tasmanischen Teufeln, eine unerziehbare Hundeart. Diese Biester kennen wahrscheinlich kein rechts und links. Nur ein „Wenn du mir im Wege stehst, beiße und fresse ich dich."

Am Samstag, 06.01.2024, in Adelaide und am Sonntag, 07.01.2024, auf der Känguru-Insel erleben wir die Natur. Wir fahren mit einem Kleinbus zum Deutschen Dorf „Hahndorf" und genießen in einer Bäckerei Brezeln wie im Süden von Deutschland. Wir sehen eine Schwarzwälder Kirschtorte in der Auslage und draußen das Schild: „Unser Dorf soll schöner werden". Im ehemaligen Schulhaus sehen wir das Schulleben „wie vor 100 Jahren": Zollstock, Holzbänke und Schiefertafeln und einige Hinweise auf die guten deutschen Lehrer damals. „Hahndorf" ist eines der wenigen deutschen Dörfer auf dieser Welt, in denen man links gehen, links fahren und beim Bäcker und Metzger von links anstehen sollte.

BURNIE Tasmanien 41°3'S,145°53'O
WING's WILDLIFE PARK

KANGURU-ISLAND 35°50'S,137°16'O
Australien
Katastrophaler Brand 2019/2020

Am Donnerstag, 11.01.2024, in Perth/Fremantles besuchen wir ein Weingut und einen Park und wundern uns über die Sauberkeit in der größeren, nicht beaufsichtigten Toilettenanlage. Nicht überprüfen können wir, ob man dort links rein und rechts wieder raus geht. In der geschlossenen Trenntoilette war es aber klar, dass der Mann (von Welt!) beim Pinkeln weder rechts noch links des Pissoirs stehen sollte, sondern nur mittig stehend sein „Geschäft" zu machen hat. Er steht am Pissoir nicht etwa rechts oder gar links. Er hat mittig vor dem Pissoir stehend auf die Fliege, oder was da sonst noch aufgemalt ist, zu zielen. Basta! Vermute ich.

In Port Louis/Mauritius am Freitag, 19. und Samstag, 20.01.2024, werden wir in wilder Fahrt – meist(!) am linken Fahrbahnrand – mit einem Kleinbus zum Naturpark mit den Sieben Steinfarben (Seven Coloured Earths) gebracht. Eine abenteuerliche Fahrt, die nicht nur dem Fahrer, wie man so schön sagt, alles abverlangt. Ob er so tollkühn fährt, um der netten Gästeführerin, links von ihm sitzend, zu imponieren? Wir staunen, Mauritius ist seit 1968 Republik und nicht mehr von Großbritannien abhängig. Ach ja, die Queen hatte und der King Charles hat noch was zu sagen. Aber Mauritius gehört zu den 25 kleineren Republiken dieser Welt, die kein eigenes Militär haben.

Unser „Fliegen an der Zipline“ über den Urwald und die sieben Erdfarben hinweg kennt weniger ein Links und Rechts, eher das Oben, ein Drüber und Drunter, ein Hinab und kein Hinauf. Gegenverkehr gibt es auch keinen.

Am 21.01.2024 geht es in La Réunion sehr europäisch zu. Diese Insel ist ein französisches Überseedepartment. Man bezahlt mit Euro und fährt wie in Frankreich am rechten Wegesrand. Wir fahren mit dem Bus nach „St. Leu“ und zur Aufzuchtstation mit Hospital für Wasser- und Landschildkröten. Früher war dies eine Schildkrötenfarm am Meer, welche das Fleisch für die exzellenten Schildkrötensuppen nach Europa lieferte.

Nach viertägiger Schifffahrt kommen wir am Donnerstag, 25.01.2024, nach Südafrika in die Großstadt Durban mit dem riesigen Aquarium und einem unendlich langen „Golden Beach“. Abgeraten wird uns. in die Stadt zu gehen, auch nicht am linken Wegesrand. Die Diebe seien überall. Links und rechts. Eine Stadtrundfahrt mit einem großen Bus zeigt uns einerseits die Nobelgegenden mit den mit Stacheldraht und Videokameras gesicherten Grundstücken der großen und gepflegten Villen. Im Stadtteil am Hang sehen wir Hütten, Behausungen, wo Blech, Tücher und Holzteile den Wind und vielleicht auch die neugierigen Blicke der Touristen zurückhalten.

DURBAN 29°52'S,31°1'O Südafrika
Golden Beach

Am 27.01.2024 in Port Elisabeth ist es ein weiter Fußweg vom Hafen in die Innenstadt, zum Rathaus und der Kirche. Als wir – gelernt ist gelernt – uns auf dem Gehweg auf der linken Seite in eine ordentliche Straße aufmachen, warnt uns ein Polizist in Uniform: „No way, tourists!" Er zeigt uns den Weg zur Straße, die belebter und sicherer ist. Egal, ob links oder rechts!

Gegen Abend besuchen wir mit einem Bus den großen ADDO ELEFANT NATIONAL PARK. Er wurde 1931 als Schutzgebiet für die fast ausgerotteten Kap-Elefanten eingerichtet. 1680 Quadratkilometer groß ist die Heimat der rund 600 Elefanten. Im offenen Safariwagen fahren wir auf geschotterten Wegen. Auch querfeldein über Stock und Stein. So können wir den Elefanten in großen Rudeln, aber auch den einsameren sehr nahe sein. Elefanten haben das Privileg, dass ihnen die Rechts-Links-Diskussion im Verkehr den breiten Buckel runterrutschen kann.

PORT ELISABETH 33°58'S,31°1'O
ADDO ELEFANT (einer von 600)

Am Sonntag, 28.01.2024, geht es zu einer zweiten Safari im KARIEGA-Reservat. Auch hier sehen wir viele Elefanten, zudem Löwen, Zebras, Giraffen und Nashörner. Querfeldein geht es in Safari-Trucks bzw. Geländewagen durchs bergige

Gelände. Mal mittig, mal links oder rechts schüttelt es uns auf den schmalen Schotterpisten.

PORT ELISABETH 33°58'S,31°1'O
KARIEGA Reserve Touch the Freedom of Afrika

Am 02.02.2024 in Walvis Bay/Namibia spazieren wir am Morgen auf dem Bürgersteig direkt vom Hafen durch eine großzügige, noble Bungalowsiedlung. Unsere Entdeckung: ein wohl und üppig sortierter SPAR-Supermarkt. Es gibt nicht nur Lebensmittel der europäischen und amerikanischen Firmen, auch Kosmetik- und Pflegeprodukte, die man in Europa kennt. Auch Mundwasser der gängigen europäischen Firmen. Wir kennen in unserer

Heimatstadt keinen Supermarkt mit dieser Fülle und Großzügigkeit. Alkoholische Getränke gibt es – bewacht von einem Sicherheitsdienst – in einem Extra-SPAR-Laden daneben, der ebenso großzügig und einladend ist.

Am Mittag geht es zur Wüstensafari. Hier sind weniger Tiere zu sehen, auch der Wüstenfloh macht sich rar. Meist fährt unser Bus in der Mitte der nicht durchgängig befestigten Straße. Der seltene Gegenverkehr, ein Bus und ein Lastwagen, kommt uns rechts entgegen. Auf staubigen Wüstenpisten brausen wir in einem Höllentempo in die heiße, vegetationsfreie Landschaft hinein. An Dünen und Steinwüsten vorbei zu einer großartigen Oase mit eisgekühltem Bier. Gerne würden wir hier unser wöchentliches Kameradschaftstreffen abhalten. Leider liegt die wunderschöne Oase in der Sand- und Steinwüste von Namibia. Und nicht gleich links um die Ecke! Auf den Kommentar meines Freundes aus dem schönen Odenwald verzichten wir an dieser Stelle. Wir nehmen an, dass er sich noch in ferner Zukunft an diese Oase erinnert. Auch an das Links, das Rechts und das Mittige.

Auf Kapverden, Teneriffa, Madeira und Portugal gehen und fahren wir wieder am rechten Wegesrand. Rechts ist da recht.

Am Montag, 19.02.2024, genießen wir im britischen Seebad Isle of Portland, in Weymouth, in einem Fischerlokal original englisches Bier und Fish and Chips, das Messer in der rechten Hand und die Gabel in der linken Hand, wie wir es gelernt haben. Draußen gilt aber Linksverkehr.

Da es in dem Seebadstädtchen neben den Fußgängerzonen auch einige Einbahnstraßen gibt, ist es für die Rechtsverkehr gewöhnten Kontinentaleuropäer kein Problem, sich zurechtzufinden.

Leider haben wir bei unserem Spaziergang am Strand und im romantischen Seebad nicht erfahren, ob in Großbritannien die Dame links vom Herrn geht. Das wäre unzweifelhaft ein Zeichen, dass er mit seinem starken linken Arm seine Begleiterin beschützen wird. Na, die Ladys und Gentlemen werden es wissen. Wir aber fragen uns verunsichert: Welche Empfehlungen in dieser Angelegenheit geistern derzeit im „Rechtsfahrerland" Deutschland herum? Wo geht die emanzipierte Frau? Vor dem Mann? Hinter ihm? Auf welcher Seite? Ist das eine wichtige Frage? Ist das eine offene Frage? Nach allen Seiten offen? Da fragt mein Freund aus dem schönen Odenwald: „Nicht ganz dicht?"

Danach fahren wir zwei Nächte und einen Tag dazwischen über das Wasser nach Hamburg. Dort gilt es wieder: rechts fahren, links überholen. Wie daheim!

## Auf dem Weg zum Miteinander …

Menschen, die über hundert Tage freiwillig, ohne Not, ihrer Heimat und ihrem gewohnten Tageslauf Ade sagen, sind von Erwartungen erfüllt. Sie haben ihre Wohnstatt für diese Zeit auf ein Schiff verlagert, sind zusammen mit vielen Passagieren auf den Ozeanen der Erde unterwegs. Besonders neugierig sind manche auf die Exotik der Südseeinseln, wollen Riesenkängurus und Koalas in Australien sehen. An Bord können sie sich in der Wellnessabteilung erholen und entspannen. Mit den anderen Passagieren können sie feiern und mit freundlichen Menschen in Kapstadt per Seilbahn auf den Tafelberg fahren und auch andere Orte der Sehnsucht aufsuchen und sich dort wohlfühlen. Sie werden auch erfahren, wie sich die eigenen Vorlieben und Gewohnheiten in der fremden Umgebung stabilisieren oder verändern. Manche erleben auch, wie Stolz oder Minderwertigkeitsgefühle in der Fremde wirken.

Vielleicht gibt es Phasen, in denen die Oma die grämenden Sorgen um das Wohl ihrer Enkelkinder vergessen kann. Andere spüren vielleicht die Angst vor dem Alleinsein auf dem Riesenschiff nicht mehr oder verstärkt.

34645 Seemeilen (64163 km) weit fahren sie auf den Ozeanen der Erde.

Eine Seereise tut anscheinend fast allen Menschen mehr oder weniger gut.

Jeder Seereiseveranstalter könnte damit werben: Eine Schiffsreise ist sowohl für introvertierte Menschen wie für extrovertierte eine gewinnbringende Angelegenheit, könnten sie schreiben.

Erstere richten ihre Aufmerksamkeit nach innen, gewinnen ihre Kraft aus der Zeit allein, die sie auf dem Schiff vorfinden können. Letztere richten ihre Aufmerksamkeit nach außen, hin zur Umwelt und ziehen Energie aus der Interaktion mit anderen. Dazu haben sie an Bord und mit den Ausflügen an Land viele Gelegenheiten.

Eine Schiffsreise kann so den verschiedensten Menschen guttun und viele erfahren dabei ihr individuelles Wohlbefinden. Dieses „Guttun“ und das „Miteinander“ auf dem Schiff lässt sich beobachten und beschreiben. Individuell und primär erst mal auf sich selbst bezogen. Über praktische Modelle zur menschlichen Psyche und zur „Beobachtung“ kann versucht werden, Möglichkeiten zum Miteinander zu finden. Zwar laienhaft, nicht professionell medizinisch, aber mit diesen Überlegungen ist vielleicht ein freundliches Miteinander zu entdecken und/oder zu entwickeln.

Vor ungefähr hundert Jahren stellte Dr. Sigmund Freud aufgrund umfassender Beobachtungen und gründlicher Forschung sein Modell zur menschlichen Psyche vor. Eine Vielzahl von

Veröffentlichungen zeigt, dass dieses Modell – vielleicht je nach Standpunkt mit kleinen Ergänzungen – eine hochkomplizierte Angelegenheit ist und den „Anwender“ stets aufs Höchste beansprucht. Auf der anderen Seite taugt das Modell - populistisch vereinfacht – in unzähligen Artikeln die psychischen Probleme Laien zu erklären.

Eine umfassende Darstellung des Freud’schen Modells kann hier nicht geleistet werden. Die Grundzüge dieses revolutionären Zugangs zur menschlichen Psyche kann aber eine Grundlage sein, den Weg „zum Miteinander“ zu verstehen.

Dr. Sigmund Freuds Modell zur menschlichen Psyche und deren Störungen, denen sie unterliegen (können), besteht aus drei wesentlichen Einheiten, dem „Es“, dem „Ich“ und dem „Über-Ich“.

Das „Über-Ich“ entspricht dabei der Vernunft, beinhaltet die Regeln und Konversationen, in deren Bahnen unser Handeln und Verhalten sich abspielt: Gewissen, Ratio und Intellekt.

Das „Es“ meint dagegen das Unbewusste, was unserem Verstand und dem klaren Denken nicht direkt zugänglich ist. Verdrängte Gefühle, Triebe, auch sexuelle, gehören dazu. Auch gehört das Trübe, Verschwommene, Nebulöse, Rätselhafte, Esoterische und Unterirdische dazu.

Beide, das „Über-Ich“ und das „Es“ – so meint nicht nur Dr. Sigmund Freud – sind da, existieren. Jedem Menschen individuell mitgegeben. Das „Es“

sammelt im Laufe des Lebens eine Fülle von Unbewusstem in allen Variationen.

Zwischen diesem „Über-Ich“ und dem „Es“ etabliert sich das „Ich“. Das „Ich“ nimmt die – auch widersprüchlichen – Impulse des „Über-Ichs“ und des „Es“ auf und sucht Lösungen.

Manchmal dominieren die „Gefühle“ über die „Vernunft“ und die Lösungsvorschläge des Intellekts werden nicht berücksichtigt. Andererseits kann die Vernunft, der Intellekt, so dominieren, dass die Gefühle, das Unbewusste, nicht berücksichtigt werden und deshalb leiden.

Manche Konflikte zwischen dem Über-Ich und dem Es lösen sich in der Zusammenarbeit dieser Einheiten.

Oft ist bei der Lösung des Konflikts das „Ich“ beteiligt. Das „Ich“ als Vermittler („Mediator“) ist damit beschäftigt, abzugleichen, was die verdrängten Gefühle und Triebe auf der einen Seite wollen und was die Vernunft davon auf der anderen Seite hält. Man kann sich das auch als einen Ringkampf vorstellen, es muss kein Boxkampf sein. Es ist kein Kampf „bis aufs Messer“ oder bis das Blut fließt. Das „Ich“ wird in diesem Bemühen keine einfache Lösung finden. Kein „entweder oder“, nein! Vielleicht einen Kompromiss mit viel „sowohl als auch“. Es wird ein ständiges Bemühen sein, es „recht zu machen“. Für diese und jene. Für alle, oder wenigstens für das „Ich“ selbst? Wenn das nicht möglich ist? Dann ergibt sich ein leidvolles Leben, krank an der Seele und krank im Miteinander. Manchmal führt das auch zu schrecklichen Lösungen: zu Depressionen und Ängsten. Auch zu Verhaltensstörungen, zum asozialen Handeln und zur Sucht.

Wenn aber ein Weg gefunden wird, der von den drei Einheiten getragen wird, dann kann eine Basis für ein freundliches Miteinander mit sich selbst und der Umwelt entstehen.

Ein Kreuzfahrtschiff ist eine schwimmende Stadt mit Wohnkabinen, Esstempeln, Vergnügungsorten, Sport- und Kulturstätten, WCs für Damen, Herren und Rollstuhlfahrer/innen, mit vielen Helferinnen und Helfern. Ein Ärzteteam und medizinische Fachkräfte mit einem kleinen Hospital auf Deck drei sorgen sich um die Gesundheit der Jungen und Alten. Das ähnelt den Gegebenheiten im Sanatorium oder einer Kurklinik.

Auf der schwimmende Metallinsel wird Urlaub gemacht. Man regeneriert sich, lernt Fremdes kennen. Die eigenen, auch bisher unbekannten Talente können entdeckt werden. Alles mit dem Ziel Lebenslust und frische Energie für ein augenblickliches und weiteres Dasein zu finden.

Nicht zuletzt bedeuten diese Tage auf hoher See und in fremden Häfen, die gewohnte Welt, die Heimat für einen längeren Zeitraum zurückzulassen. Auch auf direkten Kontakt zu Freundinnen und

Freunden und zur Familie zu verzichten. Dies auszuhalten.

Wenn es gelingt auf der facettenreichen materiellen Grundlage und dem ebenso vielfältigen geistigen Gehalt der (Reise-) Gesellschaft, die persönlichen Vorlieben und Gewohnheiten aus unterschiedlichen Perspektiven zu betrachten, erscheinen Vorurteile und Überzeugungen veränderbar oder können überprüft wieder neu vertreten werden.

Unser Tun und Lassen in der menschlichen Gesellschaft verstehen wir vielleicht besser, wenn wir uns selbst mit den Einheiten „Über-Ich“, „Es“ und „Ich“ und die „Aktionen“ innerhalb des Models der menschlichen Psyche nach Freud betrachten. Wenn Bedarf vorhanden ist, dann könnte es auch gelingen, unser Tun und Lassen freundlich(-er) zu gestalten.

Beobachtungen und Beschreibungen sind gesammelt zufällige und vorhersehbare. Peinlich empfundene, freundliche und komische. Unnötige und lässliche. Erfahrungen, die eine Weltreise begleiten. Beobachtungen und Beschreibungen der Menschen auf dem Schiff in ihrer Normalität und Besonderheit, liebenswert und überraschend. Hier eine Auswahl:

Im Büfettrestaurant vor den Obstschalen gehe ich auf jene mit den großen Herzkirschen zu. Ein Herr im Sakko kommt von der anderen Seite und greift mit der Hand eine dieser auch optisch sehr ansprechenden Früchte. Er steckt sie in den Mund und man sieht, dass es ihm schmeckt. Er dreht sich zu seiner extravagant gekleideten Partnerin, sagt „oh, die sind gut!“, und nimmt den Kern vom Mund in die Hand, will ihn in die Kirschenschale zurücklegen. Meine weit aufgerissenen Augen und mein offener Mund veranlassen ihn schnell, seine Hand zurückzuziehen, seiner Partnerin den Arm über die Schulter zu legen und mit ihr weiterzugehen. Wo der Kirschstein hinkommt? Irgendwo auf dem großen Schiff gibt's ein Wiedersehen? Im Lied heißt es „irgendwo auf der großen, weiten Welt“. Let it be!

Der Tisch am unteren Ende, von dem man so gut durch die fast knietiefen Fenster nach draußen in das umtriebige Hafengelände schauen kann, ist beliebt und oft vor dem Frühstück „besetzt“. Fast zehn Minuten nach der Öffnung des Restaurants stürmt die blondierte, kräftige Dame zur Geschirrnische. Dort stehen Petro, Mike und Johann, die in diesen Bereich fürs Abräumen des gebrauchten Geschirrs zuständig sind und auch auf Wunsch manche Extra-Dienstleitungen anbieten. Die Kellner werden von ihr, und etwas zurückhaltender von ihrem Begleiter, begrüßt. Mit Handschlag, einem Streicheln über die Unterarme, auch über die Schulter. Wir sind schon fast 30 Tage auf dem Schiff. Man kennt sich, man umarmt sich und lässt sich umarmen. Man ist „Familie“, wie es oft die Offiziere der Eventabteilung sagen. Sogar der Kapitän betont dies, wenn er die harmonische Stimmung auf dem AIDA-Schiff beschreibt. Die Aida-Familie.

Die anschließenden Gesprächsfetzen sind nicht „familiär“ anzuhören. Knapp am Gekreische das „sorgt morgen dafür, dass wir …, an diesen Tisch da unten sitzen können“, „seid nett, wir danken es euch doch“.

Die Frau, die mich am besten kennt, meint, dass ich mich nicht so engagieren soll, nicht alles, was man hört auf diesem Schiff, muss festgehalten werden. „Beruhige dich, let it be!“

Ja, die Kellner sind freundlich, aber bestimmt. Für Tischreservierungen sind sie nicht zuständig. Ob die Blondine mit ihrem Gatten einen anderen Tisch … haben wir nicht überprüft.

Anders und entschieden häufiger sind Platzreservierungen bei Lesungen, Theater- und Kinoaufführungen zu beobachten. Meist sitzt da eine Person und hat mindestens einen Platz neben sich reserviert.

Auch anderswo gibt es den Kampf – oder ist es nur ein freundliches Bemühen – um den besten Platz? Die Ausflugsbusse stehen in Reih‘ und Glied und nicht selten steht eine oder einer vor der noch nicht freigegebenen Türe. Wir kommen, noch bevor die Scouts die Passagiere einsteigen lassen, zur wartenden Gruppe an der Bustür, nähern uns dem Bus und schauen, ob es unser „gebuchter“ ist, da werden wir darauf hingewiesen, dass der Erste, der da reindarf, der Lautsprecher mit dem Sonnenhut und den Sandalen ist. Er stellt sich nicht mit Namen vor, aber mit „ich bin der Erste“.

Bei den Sonnen- oder Schattenliegen auf dem Pooldeck ist das Reservieren eine Ganztagesangelegenheit. An Seetagen sieht man die üblichen Verdächtigen schon vor dem Frühstück die Handtüchern auf Liegen und Sitzgelegenheiten verteilen. Wenn der Kapitän für den Tag einen sonnigen, heißen Tag ankündigt, sind selbstverständlich Plätze im Schatten und in der Sonne zu reservieren. So ist es bequem, egal, ob man lange an der Bar sitzt oder im Restaurant köstlich speist, danach hat man auf jeden Fall die Qual der Wahl: Sonnenliege oder Schattenliege.

Mein Freund aus dem schönen Odenwald hat es so erklärt: „Rund um die Welt denken sie alltäglich erst mal an sich. Ihre Mitmenschlichkeit feiern sie mit dem Erwerb von Spendenzertifikaten für mehr oder weniger spektakuläre Aktionen in der Ferne.“

Nie allein, immer mit ihrer Partnerin, kommt sie zum Frühstück ins Restaurant und steuert den Fensterplatz an. Sie trägt eine mehrfarbige Brille. Eine sperrige, wie sie Frauen tragen, die dieses Adjektiv für ein Kompliment halten, das sie gerne auf ihre Person allgemein beziehen wollen.

Das pummlige, vielleicht 17 Jahre alte Mädchen mit langen schwarzen Haaren, das die ganze Weltreise mitmacht und ihre Oma fürsorglich betreut.

Die Oma mit Rollator wird begleitet, im Büffetrestaurant bedient und bei den Veranstaltungen wird für einen guten Platz gesorgt.

Männer in den besten Jahren, die sich mit ihren Vereins-T-Shirts als Fußballfans bekennen. Bayern, Dortmund, Schalke, VfB Stuttgart, … man sieht sie auch bei den Übertragungen der samstäglichen ARD-Sportschau im „Brauhaus“. Allerdings der Zeitumstellung geschuldet zu ungewöhnlichen Zeiten. Mal am Morgen um 8:00 Uhr, um 10:00 Uhr oder abends auch noch später als 20.00 Uhr.

Die überdurchschnittliche Anzahl von Menschen mit Handicaps auf dem Schiff ist ein Gewinn für alle. Die Rollstuhlfahrer/innen, ob mit oder ohne Motor, die Menschen mit Rollator, auch die jungen und die älteren, welche eine ständige Assistenz benötigen, tragen nicht nur zur Entschleunigung dieser Gesellschaft bei, sie sind auch Anstoß zu einem mehr an Miteinander.

Der Mann, der sich nie von seinem Laptop trennt. Er hebt es beim Frühstück hoch, zeigt, was für großartige Bilder er gestern gemacht hat. Er hat sich eine Rucki-Zucki-Methode zur persönlichen Nahrungsaufnahme zugelegt. Beim Frühstück und bei den anderen Mahlzeiten auch.

Nach ihnen könnte man die Uhr stellen. Die zwei Damen, welche schon eine stattliche Anzahl von Jahren besitzen und ihre leicht barocken Formen an Brust und Po fast jugendlich frei und doch prall eng genug in einer derzeit angesagten Sportkleidung mit den dazugehörigen Streifen präsentieren. Jeden Tag sind sie pünktlich um 17 Uhr 55 Minuten an der Theke im Sportstudio. Ab 18:00 Uhr ist Anmelden für die Sportkurse am nächsten Tag. Ja, sie haben es verinnerlicht: Der frühe Vogel fängt den Wurm. Sie melden sich an: Bauch-Beine-Po, Body-Power, Stretching-light, Hip-Hop und noch zwei Kurse, die nicht ganz zufällig von ihrem Lieblingstrainer Charly angeboten werden. Volle Pulle Sport jeden Tag. Anstrengend? Ach was! Man tut, was man kann! Jeden Tag!

Der ausgemergelte, kleine Mann mit seinem Dreitagebart, Halbglatze und runder Nickelbrille grinst und kichert zuweilen, als hätte er gerade eine Schüssel Haschischspätzle gegessen, die es, so mein Freund aus dem schönen Odenwald, auf dem Schiff nicht gibt. Zumindest finden wir derartige Spätzle nicht auf der Speisekarte.

Selbstvergessene Flaneure an Bord schlendern händchenhaltend mit einem Lächeln und je einem Kopfhörer über den Ohren. Ob sie dasselbe Musikstück hören?

Die sechs Damen vom Häkelclub. Schon zum Bergfest hatten sie einen Wandteppich fertig. Ob Männer, echte Männer, sie nur im Verborgenen unterstützen?

Wissbegierige findet man bei Vorträgen über Land und Leute, Historisches, Musik, Malerei und

Bildhauerei. Man sieht ihnen an, dass sie liebend gerne zur Sache eine Erklärung abgeben wollen und doch nicht gefragt werden.

Spanische, portugiesische, französische und englische Sprachkurse sind sehr gut besucht.

Der eine, meist die Hände in den Hosentaschen (im FKK-Käfig auf Deck 15 mit Whirlpool aber nicht), ratlos um sich blickend, ungelenk und steif wirkend, zieht am Abend seine Runden auf Deck 12 über Treppen und Stiegen.

Der andere, dessen Haare struppig zu Berge stehen. Er marschiert stramm mit wulstiger Stirn, lächelnd und mit einer aufgeräumten Mimik über das Pooldeck.

Die nicht wenigen Smartphone-Gucker (weiblich und männlich) beim Frühstück. Sie schauen nicht nur zum Frühstück, auch ständig beim Essen und beim Sport auf den Standfahrrädern, am Stepper auf die kleinen Kästchen, informieren sich. Vielleicht wissen sie dann, was in der Heimat geschieht. Oder was ihre Lieblingsschauspielerinnen von sich gegeben haben.

Die meist lustig daherkommende Gruppe, welche mit ihren lauten Gesprächen und schallendem Gelächter die Geräuschkulisse im Restaurant jeden Tag entscheidend verstärken. Mein Freund aus dem schönen Odenwald nennt diese Kulisse „Gesprächsbrei“.

Nicht nur in den ersten Tagen haben viel Gäste mit Schnupfen, Heiserkeit und auch mit Fieber zu kämpfen. Und immer wieder werden die Gäste von der Brücke (dem Team des Kapitäns) aufgefordert, sich die Hände zu waschen und zu desinfizieren. „Es geht was rum auf dem Schiff." Immer wieder. Man steckt an, man lässt (sich) anstecken. „Mama Mia! Da fehlt nur noch, dass alle bei der ausgebildeten Händewaschfrau die Hände gewaschen bekommen. Vielleicht sollten ein paar Auserwählten auch der Kopf gewaschen werden!", lacht mein Freund aus dem schönen Odenwald leise vor sich hin.

Man liebt es, frau auch! Spektakel auf dem Pooldeck. Einmalig. Die Sonne brennt auf schattenbefreite Haut. Ein Paar legt ihre Bademäntel ab. Zu sehen sind eine fast slipartige Badehose an einem Körper mit einem kleinen Bäuchlein und einem schon etwas lichten Haarschopf auf dem Kopf. Am anderen Körper sind die beginnenden Barockformen, deren zart hervorragenden Rundungen mit kleinen, bunten und Silber glänzenden Stoffteilen bedeckt. Die Badetücher liegen auf den Liegen, eine ganze Batterie von Döschen und Tuben daneben. Die beiden tuscheln und bald liegt die Frau bäuchlings auf der Liege und der Mann cremt ihr den Rücken ein. Er reibt, er drückt kurz und fest, er schmiert und salbt zart vom Hals bis zu den Zehenspitzen. Nein, er küsst sie nicht. Die Zehenspitzen.

Damit ihr Galan rundum alle Körperteile erreicht, setzt sich die Frau erst auf die Liege und später steht sie wie einst die schöne Helena im Mausoleum und dreht sich. Sie lässt den Mann an ihrem Körper feinfühlig, drängend, massierend die Salben und Öle auf die Haut pressen und streichen. Ein Akt, der nicht zu enden scheint. Kein Körperteil wird vergessen. Es wird getätschelt und neckisch gezwickt. Die Augen hinter den überdimensionalen Sonnenbrillen werden wohl immer lüsterner, die Körper sind gespannt voller Sehnsucht nach mehr.

Der Mann, ein ganzer Kerl für solche Augenblicke, ist mehr als nur ein Cremetalent! Ein wunderbarer Moment auf dem Pooldeck. Spektakel, das Emotionen weckt.

Wir sehen viele kleine Gesten, mit denen Menschen zeigen, dass sie ihr Gegenüber mögen, gerne haben. Berührungen, zarte und heftiger Küsse und ein Anlehnen und Streicheln überall. Ein Geben und Nehmen. Wunderbar! Das tut und ist gut.

Was geht uns das an, wenn die Brünette mit ihrem topmodernen Kleid ins Schaufenster auf Deck neun mit den vielen verschiedenen Parfüms in der Ladenzeile stiert und sich als „Lippenbeißerin" outet?

Was geht es uns an, wenn der junge Mann mit der lila Badehose vor dem Whirlpool so aufgeregt seine Nägel kaut?

Was geht es uns an, wenn das junge Mädchen beim Nachmittagskaffee tief Luft holt und ständig ihre Haare rauft?

Beim Warten auf die Bahn zur Christusstatue in Rio sind nicht nur Gäste unserer Reisegruppe zu beobachten. Bei Plus 36°C steht eine sehr sparsam bekleidete Dame mit ihrem Begleiter in der Schlange. Der junge Mann nimmt ihre Hand, drückt bzw. schabt mit dem gut drei Zentimeter, grellrot lackierten Fingernagel seiner Freundin einen Mitesser von ihrer Stirn ab. Die junge Frau lächelt, schaut die Hautreste auf ihrem Nagel an und wischt sie weg. Eine besondere Art der Zuwendung. Mit unterschiedlichen Regungen bei den Zuschauerinnen und Zuschauer.

Verschieden sind wir alle, die Gäste „Weltentdecker". Wir haben auch etwas gemeinsam. Wir sind auf dem Schiff und wissen uns einzubringen. Unser Dasein unter den Gästen so zu gestalten, dass nicht nur die anderen, sondern auch wir selbst es erträglich und angenehm empfinden. Jeder nach seiner Fasson? Ob dabei das Überdenken des eigenen Status' eine Rolle spielt? Ob Dr. Freuds Modell zur menschlichen Psyche dazu hilfreich ist?

Vielleicht wählen manche lieber Alfred Adlers (1870-1937) Individualpsychologie für Überlegungen zur Einschätzung der Befindlichkeit. Das wäre dann eine Auseinandersetzung mit den bewussten und unbewussten Handlungs- und Erlebnisweisen. Auch ein ganzheitlicher Ansatz.

Wieder andere könnten sich mit Viktor Frankls‘ (1905-1997) Logotherapie die Situation bewusst machen. Frankl fragt: Was erwartet das Leben von uns (Menschen)? Diese Frage ist für ihn Ausgangspunkt der Sinnsuche und führt zu den Fragen der persönlichen Orientierung. Frankl betont, dass jede Situation an sich neutral ist, weder richtig noch falsch, und nur der (einzelne?) Mensch die Macht hat, diese zu bewerten.

„Pseudointellektuelle Ausschweifungen!“, meint mein Freund sagen zu müssen. „Solche Überlegungen sind auf einem Schiff mit hohem spaßigen Erlebniswert nicht opportun.“ Ob mein Achselzucken und meine Schnute mit gerunzelter Stirn dazu eine klärende Antwort ist?

Was machen wir mit dem Beobachteten und dem Beschriebenen? Was ist zu tun?

Mit dem Beobachten ist es so eine Sache. Diskret sollte das vonstattengehen. Das Beobachten und was wir damit tun. Diskret und in jedem Fall auch reflektiv ist dabei vorzugehen. Zudem sollte man Antworten auf Fragen finden. Was, wann und warum wird beobachtet? Was macht die Beobachtung mit dem Beobachter (engl.: observer)? Fest stünde, dass Beobachtung ohne wissenschaftliche Kriterien bei der Auswertung dieser Beobachtungen nur pipiballe Ergebnisse ergeben. Weiter wird betont, dass dies aber piepegal sei. Hauptsache, man lerne dazu: das andere, auch wenn es in einem selbst steckt. Wer da nicht Bahnhof versteht, muss wohl in Behandlung! Meine ich, nicht mein Freund und nicht die Frau, die mich am besten kennt.

Nun meinen Gelehrte und Wissende tun kund, dass Menschen, die wissen, dass sie beobachtet werden, nicht mehr sie selbst sind, weil diese sich dann auch selbst beobachten und genau das tun, was sie selbst sehen wollen. An sich! Von sich! Wäre da alles nicht besser, wir würden uns zu jeder Zeit so benehmen, als würden wir wissen, dass wir von einem Menschen, dem wir gefallen wollen, beobachtet werden?

Würden wir dann …

? … nicht mehr in der Nase bohren, sondern ein Taschentuch benützen?

? … nicht mehr schlecht über Leute reden, die nicht anwesend sind?

? … nur gütig lächeln, wenn kleine Kinder mit ihren kleinen Schokoladehänden sich an unsere weißen Jeans klammern, um das Gleichgewicht nicht zu verlieren?

? … uns in fast endloser Geduld üben, wenn die Aufzugskabine belegt ist und sich die nächste erst nach „ewig“-gefühlten Minuten öffnet?

? … mit stoischem Blick gen Himmel die Zentimeter-Nähe der Nackten im FKK-Käfig aushalten, den Gang zur einzigen Dusche an den Nackten vorbei mit einem Lächeln begleiten?

? … die Mitesser im Gesicht unserer Liebsten in der Stille ausdrücken, den Rücken eincremen und die Füße massieren?

? … nicht an den Nägeln kauen, nicht auf den Boden (auch nicht auf dem Schiff gegen den Wind) spucken?

? … nicht sprechen mit vollem Mund, mit Messer und Gabel essen, nicht die Ellbogen beim Suppe löffeln auf den Tisch stellen?

? … nicht Sitzplätze im Theatrium, nicht Sonnenliegen in der Sonne und im Schatten reservieren und blockieren?

? … nicht vordrängeln an der Schlange vorbei zur Obstschale, diese dann leerschaufeln, auch wenn dort das Lieblingsobst angeboten wird?

? …

Würden Sie, würdest du und würde ich? Und was?

Wir sind dabei, auf dem Schiff, bei den Ausflügen, beim Spiel, den Events und an der Bar. Auf dem Weg über die Ozeane.

Auf dem Weg zum Besonderen, anderen und zum Selbst?

Ist dieses „würden Sie, würdest du und würde ich“ nicht zu viel, zu nah? Zum Davonlaufen?

Ist unser „Über-Ich-Es-Ich“ ein Gedankenspiel, das uns nur oder nicht quält? Hilft es uns selbst zu verstehen, wenn wir zusammen Wege gehen?

Zueinander und miteinander. Wer kann und wer will das wissen?

Wir reisen um die Welt, sehen, hören allerlei, spüren Wind und Wetter. Manches lässt uns trauern, anderes auch lachen, träumen, freuen. Unsere Sinne sind geöffnet.

„Oh“, lacht mein Freund aus dem schönen Odenwald, „der Mensch ist – mit oder ohne Beobachtung – ein rätselhaftes Wesen. Hat doch Ödön von Horwáth (1901–1938) behauptet: Eigentlich bin ich ganz anders, nur komme ich so selten dazu.“

Worauf die Frau, die mich am besten kennt, freundlich mit den Augen zwinkert: „Gell, dazu passt auch Edgar Allan Poe (1809–1849): Erstaunlich, dass der Mensch nur hinter seiner Maske ganz er selbst ist.“ Sie schaut wieder über die Reling hinaus ins weite Meer.

Wie sollten Menschen sich selbst und die anderen wahrnehmen?

Das ist eine Frage. Mensch, was bist du? Und wie wichtig bist du dir? Und wie wichtig ist dir dein Nachbar? Und wie wichtig bist du für ihn?

Und wie ist es auf dem Ozean, dem weiten, dem großen? Wenn du dir die Mühe machst, diese Weite und Größe zu fühlen und zu spüren, dann riechst du auf dem Schiff nicht nur das Parfüm der Passagiere. Im Hafen schnupperst du die strenge Wolke der Fischverarbeitungsfabriken. Auf dem weiten Meer streifen dich die verschiedensten Aromen des

Meeres. Intensiv und leicht, zärtlich und drängend. Am Ufer findest du auf den Fischmärkten und den Markthallen eine bedrängende Geruchs- und Geschmacksvielfalt. Selbst in der Wüstenoase ahnst du ein olfaktorisches Paradies.

Überall am großen Wasser, dem Ozean, sind Weite, Offenheit, Zartheit und Stärke zu spüren, Helles, Buntes und Farben zu sehen. Der Sturm, der peitschende Regen, Blitz und Donner rüttelt auf. Wogen, Wind und die Vögel, ein Lied sind zu hören. Salz, auch das Würzige im Abenteuer und die Süße der Geborgenheit in der Natur, schmeckt und beseelt.

Genug um dankbar zu sein, Demut zu zeigen und sich vor der Erde zu neigen.

## … und was entdecken wir?

„Wenn einer eine Reise tut, so kann er was erzählen“, schrieb Matthias Claudius (1740-1815). Recht hat er – zumindest, wenn die Reisenden mit offenen Augen und Ohren, zudem mit wachem Geist, unterwegs sind.

Auch wir können „was erzählen“. Geschichten, eigentlich eher Episoden. Geschichten sind in vielen Reisetagebüchern nachzulesen.

Wir reisen auf einem Schiff rund um die Welt und spüren nicht erst am Ende, dass diese Reise uns „verändert“. Erde, Wasser, Natur und Menschen, denen wir begegnen, schaffen das.

Erwartungen und Hoffnungen haben wir auf die Reise mitgenommen. Auch Befürchtungen und fixe Gewohnheiten, aber vor allem eine fast unersättliche Neugierde. Wir suchen nicht bestimmte Dinge und bestimmte Vorurteile, sondern lassen uns überraschen. Wir hoffen, das Staunen wieder zu erfahren. Auch wenn wir nicht aus unserer Haut schlüpfen können, sammeln wir Erscheinungen, vielleicht auch Visionen.

Wir erfahren das „Um-uns-herum“, das „Fremde-in-und-um-uns-herum“ und nehmen es auf.

Wir beobachten und sammeln, können aber keine gründliche Auseinandersetzung pflegen. Verarbeiten? Ist wohl ein nicht stimmiger Ausdruck. Wir können aber aufnehmen. Als Gäste das Beobachtete wertschätzend und achtsam pfleglich wiedergeben.

Wir lernen von dem, was der Nachbar als gut bezeichnet, aber auch von dem, was er ablehnt.

Nicht dass wir dann wissen, was draußen auf der weiten Welt so recht und billig, so gut und schlecht vor sich geht. Vielmehr fühlen wir uns von Darwins „Unwissenheit erzeugt viel häufiger Sicherheit, als es Wissen tut" bestätigt. Mehr Wissen, das Ergebnis unserer Beobachtung bedeutet mehr Fragen, mehr Zweifel.

Tagtäglich begegnen uns auf dem Schiff die unterschiedlichsten Menschen und lernen deren Einzigartigkeiten ein wenig kennen. Wir lernen im Miteinander und Nebeneinander auf dem Schiff. Bei den wenigen Kontakten mit den uns noch fremderen Menschen in den Häfen, auf den Südseeinseln entdecken wir Neues für uns und lernen es schätzen. Wir staunen über die Natur, die Tier- und Pflanzenwelt, das Leben und die Kultur in den fremden Ländern. Fragen und Zweifel begleiten uns bei der Heimfahrt. Die fremde Kultur, das Leben im fremden Land, gibt den Anstoß, unser Weltbild zu hinterfragen. Vielleicht ergeben sich dadurch neue Perspektiven zum Miteinander-Leben, zum Tun und Lassen. Nicht dass wir unsere Tradition verleugnen, unsere bisher geschätzte Kultur und das Miteinander anders gestalten. Das Hinterfragen unserer Werte wird unsere Kultur und unser bisheriges

Miteinander dort stärken, wo wir durch die Fragen den Wert und die Perspektiven erkennen. *Im Kleinen und Großen.*

Hier eine Aufzählung, was uns berührt, allgemein und persönlich:

- Moderne Kreuzfahrtschiffe bieten mit allerlei technischen Vorkehrungen bei bewegter See eine weitgehende Schaukelfreiheit für die Gäste. Wenn sehr heftige Winde und hohe Wellen mit dem Schiff spielen, dann rumpelt und schwankt es. Besondere Vorsicht ist auf der Toilette geboten. Beim Sitzen. Im Stehen, !!Männer!! das geht gar nicht! Auch nicht in der Dusche. Haltet euch fest!
- Nicht erst bei Windstärke 8 oder 9 liegt und schläft man am ehesten stabil, wenn man auf dem Bett die Form eines Seesterns einnimmt: alle Glieder von sich gestreckt. Dies unter einem schweren Laken.
- Wenn zwei heiße Kaffeetassen zum Frühkaffee um 6:00 Uhr noch etwas schlaftrunken im Morgenmantel vom elften Deck hin zu den Kabinen in den unteren Decks mit den Händen zu tragen sind, sollten die Tassen bestenfalls nur halb voll sein. Auch die Aufzugsknöpfe müssen gedrückt werden. Nein, nicht mit einer der Tassen. Aber doch irgendwie! Der Frühkaffee um 6:00 Uhr auf dem Balkon macht munter auf dem Ozean!

- Manchmal sollte man auch im Sommer auf der südlichen Halbkugel Socken tragen. Nicht nur der Wind bläst einem kühl um die Beine.
- Auf der Erde gibt es überall Bier. Auch in der Oase gibt es kühles Bier. Was für ein Trost!!!
- Auf der Schiffsbrücke werden die „Geschwindigkeitsstufen“ von „Stopp“ bis „full speed ahead“ eingestellt. Die erste Stufe nach dem „Stopp“ heißt „Dead slow“ (extrem langsam) und bezeichnet die Geschwindigkeit, die man sich auch für den Alltag zu Hause zu Herzen nehmen sollte.
- Meer sieht von Stunde zu Stunde anders aus. Um das nicht zu verpassen, muss man Stunde um Stunde gespannt darauf schauen (dead slow?).
- Das Leben ist schön. Nicht unbedingt einfach. Oft helfen Worte, um das Komplizierte auch schön zu sehen: kein Problem. Alles klar. Macht nichts. Ja. Let it be. Gerne! Das sind Worte der Freundlichkeit. Angesagt zaubern sie ein Lächeln ins Gesicht.
- Perfekt kann auch das sein, wo „nicht viel fehlen“ wird. Zum Perfekt-Sein genügen manchmal auch 80 oder 90 Prozent.
- Kopfschütteln kann vieles bedeuten. Alles! Ja und Nein. Schon gut! Habe verstanden. Roger. Versteh ich nicht. Ich staune – oder auch: Ich bewundere dich.

- Aus der Ferne sieht man oft besser, was man hat, als aus der Nähe.

„Einmal um die Welt“ beansprucht jeden Gast persönlich. Wir haben dies erfahren, und formulieren zum Schluss dies persönlich und direkt:

- Mit Händen und Füßen, einem Lächeln und Geduld kommst du weiter, als du je für möglich gehalten hast.
- Flaniere, spaziere, lauf dem Zufall in die Arme. Suche das Glück weder verkrampft noch versessen. Lass dich finden vom Glück. Und von der Liebe.
- Glaube nie, dass du schon alles weißt. Bleib neugierig.
- Jedes und alles kann man aus einer anderen Perspektive sehen. Es ist nicht nur manchmal anders, als man denkt.
- Verzichte darauf, Erwartungen erfüllt zu bekommen. Das gilt auch für die eigenen.
- Akzeptiere, was ist. Lass eigene Werte mal zu Hause.
- Schau zu, lass zu, nimm (das Gute) mit.
- Befrei dich von Vorurteilen. Fahr selbst hin, schaue selbst, mach deine Augen auf. Merke, dass es auch ganz anders sein kann.
- Gestatte dir, einfach mal nichts oder scheinbar Sinnloses zu tun.

- Akzeptiere die Widersprüche, halte sie aus. Lächle.
- Vertraue den anderen. Akzeptiere Freundlichkeiten und ertrage selbst manche Gehässigkeiten!
- Sei dankbar für die Regentage, darüber hinaus für jeden Tag.
- Vergiss nie, dankbar zu sein. Jetzt!

Alltag deckt manche Erfahrung, manches Entdeckte zu. Das Weite und Versteckte erfährt man immer wieder neu, vielleicht an einem (ganz) anderen Ort. Manchmal wird es auch aufgedeckt.

Vertrau der Kraft, die Mut und Zuversicht schenkt, die Augenblicke zu genießen.

Vertrau, dass das Glück dich findet, die Liebe dich trägt und vergiss nie den Dank auf dieser oft rätselhaften, wunderbaren Welt.

## Ende der Reise

Wir sind da! Hamburg – Tor zur Welt und Tor zur Heimat.

Alles ist da, war nie fortgewesen. Die Landungsbrücken, St. Pauli, der Fischmarkt am Hafen, die Elbphilharmonie und der Hauptbahnhof.

Wir waren fort gewesen. Im nasskalten Hamburg empfängt uns Regine mit einem großen Plakat. Sie bringt uns zum Hauptbahnhof, wir essen noch einen Bismarckhering, sagen tschüss, wie man es in Hamburg sagt, und fahren mit der Bahn in die Heimat. Ins Schwabenland.

Liegt es am Wetter? Die Bahn hat – wer kennt es anders? – Verspätung und in Stuttgart streikt die Stadtbahn. Genässt und kühl warten wir – wie viele mit uns im Regen – aufs Taxi.

Endlich daheim! Das ist schön. Alles ist da, dunkelsüß, überreif. An einem kalten, regnerischen Februarmorgen. Das Schwabenland.

„Don't cry because it's over, smile because it happend", meint mein Freund aus dem schönen Odenwald zum Abschied. Bleibt uns die Erinnerung?

Wir sind dankbar für die Tage und das Entdecken, das Vorbei. Ist es vorbei? Ein Höhepunkt des Lebens? Ein absolutes Highlight? Ist es vorbei? Was bleibt zurück? In der vergangenen Ferne? Aus der vergangenen Ferne?

Uns hat der Alltag wieder. Zu Hause sein, glücklich sein!

Mit hochgezogenen Brauen und großen Augen kommt die Frau, die mich am besten kennt, zu mir in die Leseecke. „Was nun, wie geht es weiter?“ – Erstmal ins Schlosscafé am Schillerplatz.

!! Kurz vor Redaktionsschluss erreicht uns die Mitteilung unserer Hausbank: Transaktion aus Tahiti: Gutschrift über 2.544 CFPF (Franz. Polynesien. Neukatalonien u. Wales u. Fortina) Umrechnungskurs 119,332

Wir erinnern uns: Am 14.12.2023 kauften wir beim Juwelier in Tahiti eine schwarze Perle und unterschrieben den Antrag auf Steuerrückerstattung.

Am 12.07.2024 wurden uns 21,32 Euro gutgeschrieben.

„Wenn das kein Grund ist“, wird wohl mein Freund sagen, „bald wieder dorthin zu fahren und Danke zu sagen!“

STUTTGART 48°47’N,9°11’O Deutschland
23.07.24 >21:30 Uhr Degerloch mit Fernsehturm

# ANHANG

## Die Reise in Zahlen …

117 Tage (und Nächte), 42 Häfen, 18 Länder, 4 Kontinente, 3 Ozeane,
1-mal Datumsgrenze überquert, 2-mal den Äquator überquert. 28-mal die Uhr umgestellt.
Die Klimazonen „Gemäßigte Zone", „Subtropische Zone" und „Tropische Zone" mehrfach, an unterschiedlichen Stellen durchfahren.
34 645 Seemeilen (64 163 km) Gesamtstrecke.
Weitere Superlative:
Höchsttemperatur 36°C am 12.11.2023 in Rio de Janeiro, Brasilien
Tiefsttemperatur 5°C am 22.11.2023 am Seetag Richtung Ushuaia
Längster Streckenabschnitt: von Perth/Fremantle nach Port Louis (Mauritius) 3.282 Seemeilen (6.078 km).
Kürzester Streckenabschnitt von Tahiti nach Moorea 21 Seemeilen (39 km).
(Infos aus „AIDA heute", Info-Blätter vom Schiffsbüro und persönliche Mitteilungen)

## … und Momente, die unsere Sympathie erregen

Die Verantwortung für unsere Reise teilten sich zwei Kapitäne; der eine war zuständig für die Fahrt von Hamburg bis San Antonio und der zweite von San Antonio bis Hamburg. Zusammen mit ihren Offizieren steuerten sie unser riesiges Schiff über die Ozeane. Und das sehr gut. Der zweite Kapitän zeigte sich gesprächiger, informierte am Seetag jeweils gegen 9:50 Uhr über den Seeweg, das Wetter, erzählte lustige Geschichten und verwies auf wichtige Veranstaltungen an Bord wie an Land. Manchmal auch auf dringend notwendige (Hygiene-)Maßnahmen und einzuhaltende Ordnungen. Alles zum Besten der Gäste. So informierte er an einem heißen Tag, dass die Gäste dringend genügend trinken sollten. Ein säumiger Gast auf dem Pooldeck musste, weil dehydriert, ins Hospital. Das ist fürsorglich. Zu der Zeit hatten wir aber schon zwei Tage keine gefüllten Wasserflaschen in den Kabinen vom Housekeeping erhalten. Erst im nächsten Hafen …

„Unser“ Kapitän war der Beste. Er sang die Seemannslieder mit; diente als Joker beim „Aida-Wer wird Millionär“; als Juror beim „Let’s dance“, beim „Kochduell“ und anderen lustigen Wettbewerben an Bord.

Mein Freund ließ uns wissen, dass unser Kapitän mit hoher Wahrscheinlichkeit dem

Drehbuchschreiber der neuen Folgen von „Traumschiff" als Vorbild diente. Auf jeden Fall begeistert er uns Gäste um Einiges mehr als der 2024 aktuelle Traumschiffkapitän Florian S.

Absicht oder ein Versehen? In den verschiedenen Ländern unserer Reise waren zur Einreise unterschiedliche Regularien zu beachten.

In Namibia galt es an Bord den Pass und ein Din-A5-großes Formular den Einreisebehörden vorzulegen. Das Schiffsbüro trug die individuellen Daten des Reisepasses vorab ins Formular ein, nur die Unterschrift war noch zu leisten.

Wir stutzten: Auf unseren Formularen war bei der Gültigkeit des Passes unser individuelles Geburtsdatum eingetragen. Auf Nachfrage bei der Rezeption sollten wir das handschriftlich ändern: das Datum der Gültigkeit des Passes eintragen. Das Büro wies die anderen Passagiere nicht darauf hin, die Gültigkeit ihres Passes auf dem Formular zu korrigieren. Sie bestätigten durch ihre Unterschrift die Gültigkeit ihres Passes bis zu ihrem Geburtsdatum.

Die Erklärungen wurden vom namibischen Zoll einbehalten, der Pass abgestempelt und an uns Passagieren zurückgegeben. Alle Formulare wurden entgegengenommen, abgelegt und …

Das ist doch schön! Großzügig überlesen, Pass freundlich abgestempelt.

Eine Einreisebehörde zeigt sich von ihrer menschenfreundlichen Seite.

Zu jedem Aufenthalt mit Landgang appellierte der Kapitän an uns Gäste, dass wir zum festgelegten Zeitpunkt an Bord sein müssen. Das Schiff muss fahren, keine Minute kann es warten!

Am letzten Hafentag unserer Reise, in Weymouth/Portland lauschen wir schon den Abschiedsweisen der Musikkapelle am Kai, die Kanonen werden bereits zum Böllern vorbereitet, da verkündet der Kapitän: „Noch drei Personen fehlen. Wir warten. Klatscht ordentlich, wenn diese auftauchen."

Inzwischen ist es schon europäisch kühl und die Musiker packen ihre Instrumente ein … endlich, mit einer halbstündigen Verspätung kommen sie, mit dem Taxi ohne Musik. Sie hetzen die Gangway hoch und das Schiff beginnt sich zu bewegen … drei Kanonenböller sind aus der Ferne noch zu hören.

Mein Freund aus dem schönen Odenwald lächelt: „Ja, es waren drei. Und Peter mit seiner Lady war dabei. Schade, dass da niemand mit anstimmt: Oh, wie ist es schön! So freundlich könnt es weitergehen."

**Tagtäglich geht die Sonne auf (auch mal hinter den Wolken)**
**Ein Stichworttagebuch**

26.10.23 – auf dem Weg nach HAMBURG
Bahnfahrt Stuttgart – direkt - Hamburg, Hotel Reichshof, Abendessen „Schifferbörse“ am HBF Hamburg
53°34’nordl., 10°00’östl. / wechselhaft 12°C
Lange Schlange beim Check In, Kapitän und Offiziere stehen Spalier.
Alle Mann an Bord: 19:30 Uhr, Liegezeit bis 20:00 Uhr
Regen, Dunkel, Gedränge an Deck …

SA.28.10.23/ SO.29.10.23 – auf dem Weg nach
A CORUNA/ Spanien – überqueren des Nullmeridians
von Osten nach Westen 1047 Seemeilen (1939 KM)
SO.: Hinweis auf Etikette im Restaurant, Höhepunkte bis Rio de Janeiro
Lesung Hape Kerkeling: Ich bin dann mal weg
SAUNA geschlossen, zu starker Seegang Wechselhaft 14°C

MO.30.10.23 A CORUNA / Spanien
43°22'N, 8°W wechselhaft 16°C Liegezeit 10:00 – 20:00 Uhr
Jakobsweg, Kristallstadt, Viele Glasbalkone, wie Kristalle in der Sonne
Typ südeuropäische Stadt, viel Pflaster, Plaza de Maria Pitz, Platzregen, Gewitter,

DI.31.10.23/MI. 1.11.23 – auf dem Weg nach LAS PALMAS / Spanien 888,5 Seemeilen (1645 KM) leicht bewölkt 22°C
DI.: das erste Mal auf Balkon in der Sonne!
MI.: Vortrag fällt aus, LED defekt (Folge der Halloween-Party)

DO. 2.11.23 LAS PALMAS / Gran Canaria/Spanien
28°8'N,15°26'W leicht bewölkt 22°C Liegezeit 8:00 bis 20:00 Uhr
Kathedrale, Spaziergang zum Stadtstrand, mehrere km breit, erstes Mal Füße im Meer. Wellensurfer, einheimische Badende

FR.3.11.23/SA.4.11.23 – auf dem Weg nach MINDELO / Kapverden 888,5 sm (1645,5) leicht bewölkt 25°C
SA.: Jetlag, 3. Zeitumstellung in 8 Tagen.

SO. 5.11.23 MINDELO/ Kapverden 16°53'N, 24°59'W leicht bewölkt 28°C Liegezeit 7:00-16:00 Uhr
Stadtspaziergang, leichter Regen, „Afrika", Kreolen, Kulturzentrum, Fliegerdenkmal, Fischmarkt, Kochschule, …
LESUNG: Vegetationszonen der Tropen: Regenwald, Feucht Savanne, Trocken Savanne, Dorn Savanne
45% der globalen Waldfläche befindet sich im Tropengürtel der Erde.

Mo. 6.11.23/Di. 7.11.23/Mi. 8.11.23 – auf dem Weg nach RECIFE / Brasilien
Di.: über den Äquator: 0°N/S und ca. 29°W
1608,5 sm (2979 km) leicht bewölkt 26°-28°

Do. 9.11.23 RECIFE / Brasilien
8°3‘S, 34°53’W Sonnig 30°C Liegezeit 9:00-19.00 Uhr
„Recife vom Wasser und vom Land“
Viel Verkehr, z.T. schlechte Straßen, Bootsfahrt beeindruckend, neues Stadtviertel mit hohen Häusern neben renovierungsbedürftigen Palästen, Kunst an den Häuserfronten, …

FR.10.11.23/SA.11.11.23 – auf dem Weg nach RIO DE JANEIRO /Brasilien 1081 sm (2002 km) leicht bewölkt 26°C

SO.12.11.23/MO.13.11.23 RIO DE JANEIRO / Brasilien
22°54‘S,43°12’W sonnig 36°C Liegezeit von So. 12:00 bis Mo. 20:00 Uhr
So.: Gesundheitsbehörde war nicht da, Schiff konnte erst verzögert anlegen.
Höchste Luft-Temperatur (+ 36°C) der Reise.
Copacabana (Strand ca. 4 km lang, 2 Meter breiter Radweg), winzige Bikinis, viele Strandbars mit Volleyball und anderer Ballspielflächen, am Abend hell beleuchtet,
Mo.: Zuckerhut, landestypisches Mittagessen im Stadtzentrum, Christusstatue Mit Bahn und Seilbahn hoch und zurück.

DI.14.11.23/MI.15.11.23 – auf dem Weg nach MONTEVIDEO / Uruguay 1070 sm (1982 km) leicht bewölkt 17°C

DO.16.11.23 MONTEVIDEO / Uruguay 34°52‘S, 56°10‘10“W leicht bewölkt 21°C Liegezeit 8:00-18:00 Uhr Stadtspaziergang, Hochzeitsgesellschaft in der Fußgängerzone, grüne, belebte Parks, Vielstöckiges Wohnhaus, Verwaltungsgebäude, Denkmäler.

Nächste Etappe bis Buenos Aires 149 sm (276 km)
… Delta … braunes Wasser …. vom Rio de la Plata

FR.17.11.23 BUENOS AIRES / Argentinien
34°36’S,58°23’W leicht bewölkt 23°C Liegezeit 6:00 – 22:00 Uhr
Verrückte Fußballwelt, ein buntes Dorf für Maradona, Messi und Fußball, jedes geknipste Foto kostet, Stadtführung, auch zur Grabstätte der Eva Peron.

SA.18.11.23/SO.19.11.23
– auf dem Weg nach PUERTO MADRYN / Argentinien
867 sm (1606 km) leicht bewölkt 13°C

MO.20.11.23 PUERTO MADRYN / Argentinien
42°50'S,65°W leicht bewölkt 17°C Liegezeit 7:30-18:00 Uhr
langer Sandstrand, Spaziergang vom Hafen aus. Kleine Pinguine, schlafende Seehunde und Seelöwen am Kai, Park, Buchhandlung, Einkaufszentrum

DI.21.11.23/MI.22.11.23 – auf dem Weg nach USHUAIA / Argentinien 1006 sm (1863 km)
DI.: Offiziere servieren Kaffee und Croissants um 7:00 Uhr auf die Kabine
Mi.: ca. 19:00 Uhr Umrundung von Kap Hoorn Stürmische See (Balkonmöbel in der Kabine, Außenbereiche geschlossen).

DO.23.11.23/. FR.24.11.23 USHUAIA / Argentinien
54°48'S,68°18'W leicht bewölkt 7°C >ENDE DER WELT<
Liegezeit 23.11. 7:30 Uhr – 24.11. 04:00 Uhr
Viele Expetitions-Schiffe (Antarktis), Fjorde, Gletscher, Ausflüge, Magellan-Pinguine (die kleineren, sie können fliegen),
Ausflug: Mit dem Boot durch den Beagle Kanal u. den Nationalpark: Feuerland entdecken. Feuerland gehört zu Patagonien.

FR. 24.11.23 ab 4:00 Uhr am Morgen – auf dem Weg nach PUNTA ARENAS / Chile 656 sm (1215 km)
PUNTA ARENAS (53°9'S,70°55'W) kann nicht angefahren werden wg. starkem Wind … dafür fahren wir die Gletscherpassage: Hollandgletscher, Italiengletscher, Garibaldigletscher
26.11.23: Amalia-Gletscher, Delphine am Schiff, wir erfahren, dass ab San Antonio ein neuer Kapitän das Schiff steuert.

SO.27.11.23 – auf dem Weg nach PUERTO CHACABUCO / Chile
1460 sm (2704 km) leicht bewölkt 10°C

DI.28.11.23 PUERTO CHACABUCO / Chile
45°28‘S, 72°49‘ W Liegezeit 8:00-16:00 Uhr wechselhaft 6°C
Süden Chiles: Land des ewigen Regens (wir bleiben an Bord), Tenderhafen

Nächste Etappe: 293 sm (543 km) bis PUERTO MONTT/ Chile

MI.29.11.23 PUERTO MONTT / Chile
41°28'S,72°56‘25“W leicht bewölkt 11°C Liegezeit 10:00 – 20:00 Uhr
Tenderhafen, …trübe, keine Sicht wir bleiben an Bord, SAUNA

DO.30.11.23 – auf dem Weg nach SAN ANTONIO / Chile
602 sm (1115 km) leicht bewölkt 11°C 24 Stunden Internet,
Frühschoppen: Freibier und Weißwurst im Brauhaus

FR.1.12.23/ SA.2.12.23 SAN ANTONIO (Pazifikhafen von SANTIAGO DE CHILE) 33°35‘36“S, 71°37‘18“W leicht bewölkt 10°C Liegezeit 1.12. 10:00 Uhr bis 2.12.23 18:00 Uhr,
Fr.: Zu Fuß im Hafen und in der Stadt. Fischmarkt, Seelöwen und Pelikane im Hafen, rabiate Katzen, Straßenhunde und viel Unrat. Straßenkinder.
Viele große Containerschiffe. Verschmutztes Hafenwasser, Gestank,
Sa.: Ausflug nach **Valparaiso**, Bunte Treppen, viel Grün an steilen Wegen, Marine-Verwaltungsgebäude, Nett hier, aber waren Sie schon in Baden-Württemberg?

SO.3.12.23/MO.4.12.23/DI.5.12.23/MI.6.12.23
– auf dem Weg zur OSTERINSEL / Chile
2000 sm (3704 km) leicht bewölkt 18°C
So.: Wg. Wind viel Verspätung beim Auslaufen des Schiffes
20:30 Uhr: Weihnachtsmann auf dem Schiff.
Mi.: Brückenführung

DO.7.12.23 OSTERINSEL /Chile
27°7'S, 109°21' W Tenderhafen
Liegezeit 8:00 -19:00 leicht bewölkt 20°C
Weltkulturerbe, Kindergartenfest, Kinder baden im Meer, Wasserschildkröten im Hafen und im Wasser an felsigem Strand.
Flughafen 1,3 km, Tauchshop, eingefasste Badestellen am steinigen Ufer,

FR. 8.12.23/SA. 9.12.23/SO.10.12.23/MO.11.12.23/ DI.12.12.23 – auf dem Weg nach TAHITI, Franz.-Polynesien
2327 sm (4310 km) leicht bewölkt 24 – 26°C
Fr.: abends Essen im Rossini
So.: Besuch auf dem Schiff von der Insel Pitcairn, Nachkommen der Meuterer von der Bounty bieten Souvenirs (Weihnachtsbazar) an. Kann alles auch online bestellt werden.

MI.13.12.23/ DO.14.12.23 TAHITI / Französisch-Polynesien
17°41‘ S,149°27’W leicht bewölkt 25°-27°C
Liegezeit 13.12 13:00 Uhr bis 14.12. 23:00 Uhr
Mi.: Tahiti: schwarze Südseeperle, Holzhäuser, Rathaus aus Holz, viele Perlenläden, Markthalle: Viele Perlenstände, weniger Lebensmittel, grüner Park, Denkmäler
Do.: Ursula kauft beim Juwelier eine schwarze Perle
Stadtbummel

Nächste Etappe: 21 sm (39 km) bis MOOREA

FR.15.12.23 MOOREA / Französisch-Polynesien
17°32‘S,149°50‘W leicht bewölkt 28°C Liegezeit 8:00 -19:00 Uhr Tenderhafen
Kleiner Markt mit Muscheln, Perlen, T-Shirts.
Mit „Taxi“ zu einem sehr flachen Strand, Hin 5 Dollar, zurück auch.
Naturstrand, Kleine Bar, Weizenbier …

SA.16.12.23 – auf dem Weg nach RAROTONGA / Cookinseln
605 sm (1120 km) leicht bewölkt 26°C

SO.17.12.23 RAROTONGA / Cookinseln Tenderhafen
21°15‘S,159°45’W wechselhaft 25°C Liegezeit 8:00 – 18:00 Uhr Linksverkehr
Inselrundfahrt: „Round Island Trip“ (32 km), mit „öffentlichem Bus“ (10 Dollar), grüne Insel, Regenwetter, Viele kleine Hotels, Bars, Restaurants

MO.18.12.23 – auf dem Weg nach NUKU’ALOFA / Tonga
**DI.19.12.23 DER TAG, DEN ES NICHT GIBT**
Zeit: 00:00 – 00:01 Uhr Sonnig 30° C
**SPR□NG ÜBER DIE DAT□MSGRENZE**

Mi.20.12.23 – auf dem Weg nach NUKU’ALOFA / Tonga
881 sm (1632 km) leicht bewölkt 25°C

DO.21.12.23 NUKU'ALOFA / Tonga KÖNIGREICH

21°8'S,175°12'W leicht bewölkt 27°C Liegezeit 8:00-20:00 Uhr – Linksverkehr

Inselfahrt zum sandigen Naturstrand, Kokosmilch und -nuss direkt aus der Frucht. Markt und Königspalast (Holz) Der König mit Familie ist die meiste Zeit in Neuseeland. Parlamentsgebäude (Beton). Viele Kapellen und Kirchen auf der Insel, unterschiedliche Glaubensgemeinschaften.

22.12.23 – auf dem Weg nach SUVA / Fidschi

426 sm (789 km) leicht bewölkt 26°C

SA.23.12.23 SUVA / Fitschi – Linksverkehr –

18°8'S,178°26'O leicht bewölkt 26°C Liegezeit 8:00-18.00 Uhr

10:00: Sicherheitsübung: Alle Mann auf Deck 5 (Tender- bzw. Rettungsboote).

Zu Fuß durch die Stadt, Botanischer Garten, Flughunde

„Bula" Markthalle Vodafone, Schwarzer Sand

17:30 Halbzeitfeier Lieblingsgetränke der Crew für Gäste kostenlos

Nächste Etappe: 121 sm (224 km) bis LAUTOKA / Fidschi

SO.24.12.23 LAUTOKA / Fidschi-Linksverkehr
17°37'S, 177°27'O leicht bewölkt 27°C
Liegezeit 8:00-18:00 Uhr Ausflug: kleine unbewohnte Badeinsel, Barbecue, grüne Schlange, Abends: Weihnachtsgala

MO.25.12.23 – auf dem Weg nach MYSTERY ISLAND / Vanuatu
476 sm (882 km) leicht bewölkt 26°C
Seemeilen-Bergfest. Halbe Strecke (ca.17007 sm) um ca. 22:00 Uhr

DI.26.12.23 MYSTERY ISLAND / Vanuatu – Linksverkehr
20°14'57"S,169°46'16"O leicht bewölkt 27°C Liegezeit 8:00-18:00 Uhr Tenderhafen – keine Straßen, Graslandebahn für kleine Flugzeuge, romantische Insel, Palmen, Kioske, Kleidung, Essen und Trinken, Musikgruppe (Trommeln …)

Nächste Etappe 169 sm (313 km) bis LIFOU, Neukaledonien

Mi.27.12.23 LIFOU / Neukaledonien
20°58‘S,167°14‘O leicht bewölkt 29°C Liegezeit 8:00-17:30 Uhr Tenderhafen
Kokosnuss und Inhalt gegessen und getrunken, sehr kleiner Ort, vieles abgesperrt! Touristen gehen auch über Privatgelände.

Nächste Etappe 142 sm (263 km) bis NOUMÉA / Neukaledonien

DO.28.12.23 NOUMÉA / Neukaledonien – Rechtsverkehr
22°17‘S, 66°27‘O Liegezeit 7:00 – 15:00 Uhr leicht bewölkt 29°C
Ausflug zur Zitronenküste. Kleine Strände, ursprünglich, viele Kokospalmen, Absperrungen wegen Haien. Schmale Wege, teils schattig, teils Kies, teilweise Korallen, Baden nur in abgeteilten Bereichen.
Französischer Urlaubsort.

FR.29.12.23/ SA.30.12.23 – auf dem Weg nach SYDNEY / Australien 1064 sm (1971 km) leicht bewölkt 25°C

SO.31.12.23/ MO.01.01.24
SYDNEY/Australien – LINKSVERKEHR – Liegezeit 31.12.23 um 7:00 Uhr bis 1.1.24 um 19:00 Uhr
33°51'S ,151°12'O leicht bewölkt 21°C
Ankunft am Morgen um 6:00 Uhr. Dämmerung.
So.: Stadtführung kurze Pause: Brauereigaststätte NELSON, Manly-Beach. Volleyball und andere Strandspiele.
(Die Schlanken am Strand, die Dicken im Pub).
Silvesterfeuerwerk!! um 22:00 Uhr und um Mitternacht. Vom Schiff gute Sicht zum Feuerwerk über der Brücke.
Mo.: Stadtbummel, Botanischer Garten, NELSON wieder gefunden beim Spaziergang auf eigene Faust,
Nett hier, aber waren Sie schon mal in Baden-Württemberg?

DI. 2.1.24 – auf dem Weg nach MELBOURNE / Australien
1064 sm (1971 km) leicht bewölkt 22°C

MI.3.1.24 MELBOURNE / Australien
>City of Caffee<
37°48‘S,144°57’O leicht bewölkt 24°C Liegezeit 7:00 – 19:00 Uhr
Spaziergang Collins Street = Einkaufsmeile (für dicke Geldbeutel)
Little Colins = Parallelstraße, Einkaufsstraße für normalen Geldbeutel
Attraktivste Großstadt Australiens, Gute Arbeitsmöglichkeiten
Ausflug „Tiere und Wein“ nach:
Healesville SANCTUARY Wildlife Hospital Gallery und Rochford. Captivate the senses (WINE) Yarra Valley

Nächste Etappe 228 sm (422 km) nach BURNIE

DO.4.1.24 BURNIE / Tasmanien

Beste Luft auf der ganzen Welt

41°3‘S,145°53’O leicht bewölkt 19°C Liegezeit 9:00-19:00 Uhr

Tiere: Tasmanische Teufel, weiße Känguru, Bauernhof

Ausflug zu WING’S WILDLIFE PARK, und Gunns Höhle, Tropfsteinhöhle, viele Stufen, teilweise Licht aus, völlige Dunkelheit,

20:00 Uhr Houskeeping Dame stürmt durchs Zimmer: Lärm auf dem Balkon? Keine Ursache, kein Lärm!

FR.5.1.24 – auf dem Weg nach ADELAIDE / Australien

562 sm (1041 km) leicht bewölkt 18°C

SA.6.1.24 ADELAIDE / Australien

34°55‘S,138°36’O leicht bewölkt 26°C Liegezeit 9:00-21:00 Uhr

Dauerregen, AUSFLUG: In die Adelaide Hills zum Deutschen Dorf „Hahndorf“

„Unser Dorf soll schöner werden“. 1839, Dt. Schule, Dt. Bäcker, Kleines Museum, Kunstakademie

Nächste Etappe 79 sm (146 km) bis zur Känguru-Insel

SO.7.1.24 KÄNGURU-INSEL

35°50‘S,137°16‘O wechselhaft 20°C Liegezeit 8:00-19:00 Uhr Tenderhafen Mit dem Bus über das Land Busfahrer = Guide, fährt und erklärt mit Händen und Füßen. Eukalyptusöl – Teebaumöl – Honig. Verheerender Brand 2019/2020 Mühsame Aufforstung, viele tote Koalas, bizarre Gesteinsformationen, Schutzgebiet für Seelöwen, Mittagessen im Restaurant (Metallcontainer in der Wildnis), Dudles wines.

MO.8.1.24/DI.9.1.24/MI.10.1.24

– auf dem Weg nach PERTH / FERMANTLE Australien

1320 sm (2444 km) leicht bewölkt 18°C

Mi.: … kein warmes Wasser ... Wasserrohrbruch?

DO.11.1.24 PERTH / FERMANTLE Australien

32°3’S,115°45‘O sonnig 31°C Liegezeit 7:00-17:00 Uhr

Ausflug: Das Beste von West-Australien

Weinprobe – Park – Botanischer Garten – Flussschifffahrt (SWAN river)

FR.12.1.24/SA.13.1.24/ SO.14.1.24/MO.15.1.24/ DI.16.1.24/ MI.17.1.24/ DO.18.1.24 – auf dem Weg nach PORT LOUIS/Mauritius
3282 sm (6078 km) leicht bewölkt 26°-27°C
So.: Wasserrohrbruch, Wasser im Flur Deck 6, viele Ventilatoren zum Trocknen.

FR.19.1.24/ SA.20.1.24 PORT LOUIS / Mauritius
20°10‘0“S,57°30‘0“O leicht bewölkt 27°C
Liegezeit vom 19.1. um 6:00 Uhr bis 20.1. um 18:00 Uhr
Linksverkehr ZIP-Lines 7 Farben Erde –
Seit 1968 unabhängige Republik, eine der 25 kleinen Republiken ohne eigenem Militär.
Marc Twain schrieb einst: „Zuerst wurde MAURITIUS geschaffen, dann das Paradies. Aber das Paradies war nur eine Kopie von Mauritius.“
Ein Zyklon Bilal, der viel Schaden (Überschwemmung, entwurzelte Bäume) auf der Insel verursachte, wurde von unserem Schiff erfolgreich umfahren. Die Insel wurde schnell wieder hergerichtet. Wir können die geplanten Ausflüge durchführen. Mit einem Kleinbus gings auf nicht immer schlaglochfreien Straßen zum Naturschutzpark. Dort schwebten wir über den Urwald und über die

„Sieben-Farben-Erden" an der Zip-line von der Höhe bis zur Basisstation.
Sa.: Stadtspaziergang: Central Market …

Nächste Etappe 134 sm (248 km) bis LE PORT / La Réunion

MO.21.1.24 LE PORT / La Réunion
20°56'S,55°17'O wechselhaft 26°C Liegezeit: 6:00 – 20:00Uhr Rechtsverkehr – Währung: Euro! La Réunion ist ein Department von Frankreich, gehört zu Europäischen Union.
Auch hier wütete der Zyklon. Erstaunlich, wie schnell alles wieder funktionierte.
Busfahrt über Land, zum Dorf und zur KELONIA (l'observatoire des tortues marines): Heute Hospital für Wasserschildkröten, früher Aufzucht für Schildkrötensuppe. Handarbeiten-Markt geschlossen. Kirche besichtigt. Mürrische Teilnehmer. Wegen Hitze, trotz sympathischer, leider englischsprechenden Gästeführerin.

DI. 22.1.24 - auf dem Weg nach DURBAN / Südafrika

10:45 Uhr: Seenotrettungsübung, neuer Edutainer an Bord: Stefan Aust

MI.23.1.24/ DO.24.1.24 – auf dem Weg nach DURBAN / Südafrika 1427 sm (2643 km) leicht bewölkt 26°C

DO.25.1.24 – DURBAN / Südafrika Linksverkehr

29°52‘S,31°1’O leicht bewölkt 25°C Liegezeit 8:00-20:00 Uhr

Stadtrundfahrt „Durban auf einen Blick“ mit einem Bus (Stadion, versch. „Vorstädte“) Von einer Wanderung zur Innenstadt wurde abgeraten. Riesiges Aquarium, längster Golden Beach Südafrikas

FR.26.1.24 – auf dem Weg nach PORT ELISABETH/Südafrika

392 sm (726 km) sonnig 25°C

SA.27.1.24/SO.28.1.24
PORT ELISABETH / Südafrika
33°58'S,25°36'O leicht bewölkt 24°C Liegezeit 27.1. 8:00 Uhr bis 28.1. 18:00 Uhr.
Sa.: Spaziergang zum Rathausplatz, Uniformierter Polizist zeigt uns die verbotene Straße und den Weg für Touristen,
Abend-Safari: ADDO ELEPHANT South Africa NATIONAL PARK
400 Elefanten, Zebras
So.: Ganztagessafari: KARIEGA Game Reserve Touch the Freedom of Afrika (Elefanten, Nashorne, Zebras, Löwen und …)

MO.29.1.24 – auf dem Weg nach KAPSTADT/Südafrika
429 sm (795 km) sonnig 20°C
19:00 Uhr Passage: Kap der guten Hoffnung, farbenstarker Regenbogen von den Felsen im Meer zum Himmel.

DI.30.1 24 KAPSTADT/Südafrika
33°55‘S,18°25‘O sonnig 27°C Liegezeit 7:00-00:00 Uhr
Tafelberg Seilbahn,
Kap der Guten Hoffnung (früher: Kap der Stürme, Felsen bei Ebbe nicht zu übersehen, bei Flut aber kaum zu erkennen)
teilweise kein Strom in Südafrika
Pinguin Resort (Boulders Beach) am Cape of the Good Hope Cape

MI.31.1.24/ DO.01.2.24 - auf dem Weg nach WALVIS BAY / Namibia 723 sm (1339 km) leicht bewölkt 20°C

FR.2.2.24 WALVIS BAY / Namibia Linksverkehr
22°57‘S,14°30‘O leicht bewölkt 23°C Liegezeit 7:30-20:00 Uhr
Stadtspaziergang SPAR-Laden: ein Supermarkt mit allen Artikeln, die man auch in Deutschland findet.
Flamingos und Pelikane
mittags: Fahrt durch die Wüste zur höchsten Sand-düne/Düne 7 und zur Oase (mit dem guten, kühlen Bier und den netten Kellnerinnen).

SA.3.2.24/SO.4.2.24/MO.5.2.24/ DI. 6.2.24/ MI.7 2.24/ DO.8.2.24/ FR.9.2.24 - auf dem Weg nach PRAIA / Santiago Kapverden
3190 sm (5908 km) leicht bewölkt 23°C bis 27°C
Neptuntaufe 11:00 Uhr und Vortrag >Fly and Help<
Überqueren des Äquators von S nach N.
Do.: Faschingsdonnerstag: Weiberfasnacht, Rheinischer Frühschoppen im Brauhaus

SA.10.2.24 PRAIA / Santiago Kapverden
14°55'N, 23°31'W Liegezeit 8:00 -18:00 Uhr sonnig 28°C
mit dem Shuttle Bus in den Ort.

SO.11.2.24/ MO.12.2.24 – auf dem Weg nach SANTA CRUZ DE TENERIFFE / 919 sm (1696 km) leicht bewölkt 22°C

DI. 13.2.24 SANTA CRUZ DE TENERIFFE / Teneriffa
28°28'N,16°15'W leicht bewölkt 19°C Liegezeit 8:00 -18:00 Uhr
Großer Karneval-Umzug – Treffen mit Cleo, 1 Meter Pizza essen

Nächste Etappe 261 sm (483 km) bis FUNCHAL / Madeira

MI.14.2.24 FUNCHAL / Madeira Portugal
28°28'N,16°15'W leicht bewölkt 18°C Liegezeit 10:00-9:00 Uhr
Blumeninsel Seilbahn hoch nach Monte und zum Botanischen Garten

DO.15.2.24 – auf dem Weg nach LISSABON
531 sm (983 km) leicht bewölkt 18°C

FR.16.2.24 LISSABON / Portugal
38°43'N,9°10'W leicht bewölkt 16°C
Liegezeit 8:00 – 17:00 Uhr
Stadtspaziergang auch mit Straßenbahn und Weinprobe (oder so was ähnliches) und dann die Rolltreppe im Freien allein in der schönen Stadt.

Nächste Etappe 193 sm (357km) bis PORTO/LEIXOES / Portugal

SA.17.2.24 PORTO/LEIXOES / Portugal
41°11'N,8°42'W sonnig 17°C Liegezeit 8:00 – 16:00 Uhr Altstadtbummel, am Fluss, Espresso und >Pasteis de Nata<.
Ausflug zum Portwein: REAL COMPANHIA VELHA
Instituida por Alvara Régio de 1756

SO.18.2.24 – auf dem Weg nach ISLE OF PORTLAND/England
677 sm (1254 km) leicht bewölkt 13°C

MO.19.2.24 ISLE OF PORTLAND / England (WEYMOUTH)
50°32'39"N, 2°26'12"W Liegezeit 9:30 -18:00 Uhr leicht bewölkt 10°C
Linksverkehr Langer Strandspaziergang, Kleiner Blumenpark, Seebadkabinen. Im „Pub" Bier und super Fish and Chips.

DI.20.2.24 – auf dem Weg nach HAMBURG / Deutschland
Letzte Etappe: 565 sm (1046 km) leicht bewölkt 8°C – Überqueren des Nullmeridian von Westen nach Osten

MI.21.2.24 HAMBURG / Deutschland
Regenwetter
53°34’N,10°00’O Luft 8,1°C Wasser 7,7°C
ab 9:00 von Bord … Regine überrascht uns, holt uns ab. Bahnfahrt mit nicht geplantem Umsteigen, Taxi in Stuttgart wg. Streik.

# Tabellen

# Temperaturen und Klimazonen

| Datum | Ort | Luft | Wasser | Klimazone | | | |
|---|---|---|---|---|---|---|---|
| 27.10.2023 | Hamburg | 12°C | 8°C | gemäßigte Zone N | XX | | |
| 30.10.2023 | A Coruna | 14,1°C | 17,9°C | gemäßigte Zone N | XX | | |
| 02.11.2023 | Las Palmas | 22,8°C | 24,7°C | subtropische Z N | XX | XXX | |
| 05.11.2023 | Mindelo KV | 25,8°C | 26,3°C | Tropische Zone N | XX | XXX | XXXX |
| 07.11.2023 | >>ÄQUATOR<< | 27,2°C | 29,1°C | Tropische Zone N u S | XX | XXX | XXXX |
| 09.11.2023 | Recife Brasil | 26,7°C | 28,7°C | Tropische Zone S | XX | XXX | XXXX |
| 12.11.2023 | Rio de Janeiro | 36°C | 19,1°C | Tropische Zone S | XX | XXX | XXXX |
| 13.11.2023 | Rio de Janeiro | 26,5°C | 26,4°C | Tropische Zone S | XX | XXX | XXXX |
| 16.11.2023 | Montevideo | 19,7°C | 19,7°C | Subtropische Z S | XX | XXX | |
| 17.11.2023 | Buenos Aires | 19,7°C | 19,8°C | Subtropische Z S | XX | XXX | |
| 20.11.2023 | Puerto Madryn | 19,7°C | 12°C | Subtropische Z S | XX | XXX | |
| 23.11.2023 | Ushuaia | 4,7°C | 6,8°C | gemäßigte Zone S | XX | | |
| 28.11.2023 | P Chacabuco | 10,4°C | 12°C | gemäßigte Zone S | XX | | |
| 29.11.2023 | P Montti | 13,7°C | 10,5°C | Subtropische Z S | XX | XXX | |
| 01.12.2023 | San Antonio | 11,7°C | 12,6°C | Subtropische Z S | XX | XXX | |
| 02.12.2023 | San Antonio | 11,7°C | 12,6°C | Subtropische Z S | XX | XXX | |
| 07.12.2023 | | 19,1°C | 21,9°C | Subtropische Z S | XX | XXX | |
| 13.12.2023 | Tahiti | 25,9°C | 27,5°C | Tropen S | XX | XXX | XXXX |
| 14.12.2023 | Tahiti | 27,4°C | 28,3°C | Tropen S | XX | XXX | XXXX |
| 15.12.2023 | Moorea | 27,3°C | 28,1°C | Tropen S | XX | XXX | XXXX |
| 17.12.2023 | Rarotonga | 25,1°C | 26°C | Tropen S | XX | XXX | XXXX |
| 18/20.12.23 | DATUMSGRENZE | | | | XX | XXX | XXXX |
| 21.12.2023 | Nuku'alofa, Tonga | 26,2°C | 27,2°C | Tropen S | XX | XXX | XXXX |

| | | | | | | | |
|---|---|---|---|---|---|---|---|
| 23.12.2023 | Suva, Fidschi | 26,8°C | 27,7°C | Tropen S | XX | XXX | XXXX |
| 24.12.2023 | Lautoka, Fidschi | 24,9°C | 29,1°C | Tropen S | XX | XXX | XXXX |
| 26.12.2023 | Mystery Island | 26,4°C | 27,6°C | Tropen S | XX | XXX | XXXX |
| 27.12.2023 | Lifou, Neukaledonien | 25,7°C | 26,8°C | Tropen S | XX | XXX | XXXX |
| 28.12.2023 | Noumea, Neukaled. | 27,4°C | 27,1°C | Tropen S | XX | XXX | XXXX |
| 31.12.2023 | Sydney, Australien | 19,1°C | 23,3°C | Subtropische Z S | XX | XXX | |
| 01.01.2024 | Sydney, Australien | 18,5°C | 24,5°C | Subtropische Z S | XX | XXX | |
| 03.01.2024 | Melbourne, Australien | 18,7°C | 21,3°C | Subtropische Z S | XX | XXX | |
| 04.01.2024 | Burnie, Tasmanien | 14,4°C | 18,9°C | Subtropische Z S | XX | XXX | |
| 06.01.2024 | Adelaide, Australien | 23,5°C | 20,5°C | Subtropische Z S | XX | XXX | |
| 07.01.2024 | Kanguru Insel | 18,2°C | 18,5°C | Subtropische Z S | XX | XXX | |
| 11.01.2024 | Perth/Fermantle | 16,7°C | 19,2°C | Subtropische Z S | XX | XXX | |
| 19.01.2024 | Mauritius | 28°C | 28,6°C | Tropen S | XX | XXX | XXXX |
| 20.01.2024 | Mauritius | 27°C | 28,6°c | Tropen S | XX | XXX | XXXX |
| 21.01.2024 | La Réunion | 27,1°C | 27,7°C | Tropen S | XX | XXX | XXXX |
| 25.01.2024 | Durban, Südafrika | 22,8°C | 24,6°C | Subtropische Z S | XX | XXX | |
| 27.01.2024 | Port Elisabeth | 24°C | 25°c | Subtropische Z S | XX | XXX | |
| 28.01.2024 | Port Elisabeth | 25°C | 24°C | Subtropische Z S | XX | XXX | |
| 30.01.2024 | Kapstadt | 27°C | 22°C | Subtropische Z S | XX | XXX | |
| 02.02.2024 | Walvis Bay, Namibia | 16,8°C | 15,7°C | Tropen S | XX | XXX | XXXX |
| 04.02.2024 | >>ÄQUATOR<< | 25,5°C | 25,6°C | Tropen S u N | XX | XXX | XXXX |
| 10.02.2024 | Praia, KV | 28°C | 27°C | Tropen N | XX | XXX | XXXX |
| 13.02.2024 | Teneriffa | 18,9°C | 21,4°C | Subtropische Z N | XX | XXX | |
| 14.02.2024 | Madeira, Portugal | 19,4°C | 21,1°C | Subtropische Z N | XX | XXX | |
| 16.02.2024 | Lissabon | 16°C | 18°C | Subtropische Z N | XX | XXX | |
| 17.02.2024 | Porto/Leixos | 17°C | 16°C | Subtropische Z N | XX | XXX | |
| 19.02.2024 | Weymouth Engl. | 9,5°C | 10,1°C | gemäßigte Zone N | XX | | |
| 21.02.2024 | Hamburg | 8°C | 9°C | gemäßigte Zone N | XX | | |

Legende: XX = gemäßigte Zone

XXX = subtropische Zone

XXXX = tropische Zone

## Zeitumstellung – Rund um die Welt durch 24 Zeitzonen

Im Osten geht die Sonne auf, im Westen geht sie unter.
Fährt das Schiff in EINER Zeitzone nach Norden oder nach Süden, gibt es KEINE Zeitumstellung.
Fährt es nach Westen zur nächsten Zeitzone, wird die Uhr zurückgestellt (von 3 zurück auf 2) entspricht: -1
Fährt es nach Osten zur nächsten Zeitzone, wird die Uhr vorgestellt.
(von 2 nach vorn auf 3) entspricht +1
12 Stunden des „Tages 19.12.“ wurden „verbraucht“ für die 12 Zeitzonen bis zur Datumsgrenze. Die „restlichen“ 12 Stunden des 19.12. werden „bereitgestellt“ und gebraucht für die 12 Zeitzonen bis Hamburg.
>> Die 24 Stunden des „Tages 19.12.“, den es bei dieser Reise nicht gibt“, werden bei einer Umrundung (von Ost nach West) der Erde je eine Zusatzstunde zu den 24 Zeitzonen dazugerechnet.<<

Die 3-mal +1 Stunden wurden gebraucht bei der Rückfahrt nach Hamburg: das Schiff fährt 3 mal in eine Zeitzone von Westen nach Osten. Da bedeutet zuvor auch 3 mal um Westafrika herum von Osten nach Westen (= 3 mal: - 1) jeweils in eine westliche Zeitzonen zurück.

Darstellung von Tag und Häufigkeit der Umstellungen:

| Tag | 1 | 2 | 3 | 4 | 5 | 6 | 7 | 8 | 9 | 10 | 11 | 12 | 13 | 14 | 15 | 16 | 17 | 18 | 19 | 20 |
|---|---|---|---|---|---|---|---|---|---|---|---|---|---|---|---|---|---|---|---|---|
| | | | -1 | | | -1 | | | -1 | | -1 | -1 | -1 | | | | | | | |

| 21 | 22 | 23 | 24 | 25 | 26 | 27 | 28 | 29 | 30 | 31 | 32 | 33 | 34 | 35 | 36 | 37 | 38 | 39 | 40 |
|---|---|---|---|---|---|---|---|---|---|---|---|---|---|---|---|---|---|---|---|
| | | | | | | | | | | | | | | | | | -1 | | -1 |

| 41 | 42 | 43 | 44 | 45 | 46 | 47 | 48 | 49 | 50 | 51 | 52 | 53 | 54=55 | 56 | 57 | 58 | 59 | 60 |
|---|---|---|---|---|---|---|---|---|---|---|---|---|---|---|---|---|---|---|
| | | -1 | -1 | -1 | | -1 | -1 | | | | -1 | | +12 | | -1 | | | -1 |

| 61 | 62 | 63 | 64 | 65 | 66 | 67 | 68 | 69 | 70 | 71 | 72 | 73 | 74 | 75 | 76 | 77 | 78 | 79 | 80 |
|---|---|---|---|---|---|---|---|---|---|---|---|---|---|---|---|---|---|---|---|
| | | | | | | | | | | | -1 | | -1 | -1 | | | -1 | -1 | -1 |

| 81 | 82 | 83 | 84 | 85 | 86 | 87 | 88 | 89 | 90 | 91 | 92 | 93 | 94 | 95 | 96 | 97 | 98 | 99 | 100 |
|---|---|---|---|---|---|---|---|---|---|---|---|---|---|---|---|---|---|---|---|
| | -1 | | -1 | | | | -1 | -1 | -1 | -1 | | | | | | | | | |

| 101 | 102 | 103 | 104 | 105 | 106 | 107 | 108 | 109 | 110 | 111 | 112 | 113 | 114 | 115 |
|---|---|---|---|---|---|---|---|---|---|---|---|---|---|---|
| | | -1 | | | +1 | | | +1 | | - 1 | | | +1 | |

| 116 | 117 | 118 |
|---|---|---|
| | +1 | HAMBURG |

**Worte, die uns wichtig sind und uns begeistern, begleiten, anregen, ermuntern und inspirieren:**

„Die Menschen gebrauchen ihren Verstand nur, um ihr Unrecht zu rechtfertigen und ihre Gedanken zu verbergen.“ Voltaire (1691-1778)

„Unwissenheit erzeugt viel häufiger Sicherheit, als es das Wissen tut.“ Charles Darwin (1809-1882)

„Die Erde ist noch rund, aber die Geschichten sind viereckig geworden.“ Ödön von Horváth (1901-1938)

„Die Kirche sagt, die Erde ist eine Scheibe. Ich aber weiß, dass sie rund ist, da ich ihren Schatten auf dem Mond gesehen habe, und ich habe mehr Vertrauen in einen Schatten als in die Kirche.“
Ferdinand Magellan (1480-1521)

„Wer an der Küste bleibt, kann keine neue Ozeane entdecken.“ Ferdinand Magellan (1480-1521)

„Zuerst wurde Mauritius geschaffen, dann das Paradies. Aber das Paradies war nur eine Kopie von Mauritius.“ Mark Twain (1835 -1910)

„Eigentlich bin ich ganz anders, nur komme ich so selten dazu.“ Ödön von Horváth (1901-1938)

„Erstaunlich, dass der Mensch nur hinter seiner Maske ganz er selbst ist.“
Edgar Allan Poe (1809 – 1849)

„Der kürzeste Weg zu dir selbst führt einmal um die Welt.“ Richard Hoffmann (*1938 )

„Wer einmal sich selbst gefunden, kann nichts mehr auf dieser Welt verlieren.“
Stefan Zweig (1881–1942)

„Alles hängt mit allem zusammen.“
Alexander von Humboldt (1769-1859)

## Quellen, für die wir dankbar sind:

Die Weltreise mit AIDAsol. Erlebnisse und Erfahrungen auf und neben den Ozeanen.
Auf der Reise das tägliche Info-Blatt an Bord: AIDA-Heute.
Stefan Zweig: Magellan Der Mann und seine Tat München 2022, Erstausgabe: 1938.
Ödön von Horváth: Jugend ohne Gott München 2022 Erstausgabe 1937.
Viele Gespräche mit Gästen, Freunden und Fremden.
Und die kritischen Anmerkungen unseres Freundes Dr. Dieter Fischer.